MAGISTERIO

Julia Pacheco
Mary Luz Pacheco

Construyendo imaginarios

Talleres creativos

MAGISTERIO

MAGISTERIO

Construyendo imaginarios
Talleres creativos

© Julia Pacheco
Mary Luz Pacheco

Libro ISBN 978-958-20-0384-5

Primera edición: 1998
Segunda edición: 2008

© COOPERATIVA EDITORIAL MAGISTERIO
Diag. 36 Bis *(Parkway La Soledad)* No. 20-70 PBX: 2884818
Bogotá, D.C. Colombia
www.magisterio.com.co

Dirección General
ALFREDO AYARZA BASTIDAS

Portada
MARÍA ALEJANDRA DAZA

A

Omar Javier
Sonia del Pilar
y Carlos Adolfo

Contenido

Introducción

La creatividad una aptitud del ser humano

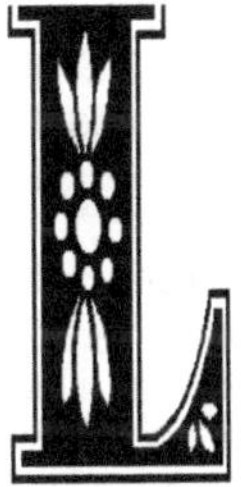.S. Vytgotski habla de la creatividad como una aptitud del ser humano, cuyas diferencias se revelan como un producto de factores sociales y culturales. ¿Podríamos afirmar que la imaginación creadora, que en el niño existe en forma silvestre, es asesinada o impulsada por quienes están al cuidado de su educación? Sin duda alguna así es.

El ser humano combina sus experiencias entre sí y construye nuevas realidades las cuales corresponden a sus necesidades y curiosidades. Por eso es necesario, indispensable, que el niño crezca en un ambiente rico en motivaciones, oportunidades y estímulos en todas las direcciones.

En una sociedad saturada de repeticiones y de recuerdos nostálgicos y de fieles reproductores de técnicas, en una sociedad donde todo sabe a revaluado, en una sociedad como la nuestra, con miedo a crecer, se necesita de hombres creativos, que sepan utilizar su imaginación para cambiarla.

El niño y el adolescente tienen su mente abierta y sólo necesitan de alguien o algo que los lleve por el maravilloso mundo de la invención, sin pretensiones, pero con propósitos claros.

Gianni Rodari, un excelente practicante y promotor del elemento creativo, nos dice:

"Creatividad es sinónimo de pensamiento divergente o sea capaz de romper continuamente los esquemas de la experiencia. Es creativa una mente que trabaja siempre dispuesta a hacer preguntas, a descubrir problemas donde los demás encuentran respuestas satisfactorias, quien se encuentra a sus anchas en las situaciones fluídas, donde otros sólo encuentran peligro; capaz de juicios autónomos e independientes (incluso del padre, del profesor, de la sociedad), que rechaza lo codificado, que maneja objetos y conceptos sin dejarse inhibir por los conformistas".[1]

Y son precisamente todos estos elementos los que el acto creativo renueva y exalta. Y es por eso que el maestro y la escuela debieran dedicar sus esfuerzos a trabajar con sus alumnos en esta dirección. Pues a veces creemos que ésto sólo debe hacerse como un trabajo recreativo, aislado, y no como algo inherente a todo el saber en la escuela y en la sociedad.

Creemos que una sociedad que aspire a sobrevivir y un país como el nuestro con ansias de crecer, no puede dejar de lado esta consideración. Tampoco puede plantear que el trabajo se lo deja a un grupo de "creativos". Es la escuela quien debe universalizar el acto creativo, pues al fin y al cabo allí nace y se forma el espíritu de la nueva época. Y es de allí de donde salen los hombres que la inmortalizarán o la matarán sin haber nacido.

---

[1] RODARI Gianni, *Gramática de la fantasía,* ed. Imprimex, 1982.

La función creadora no solo es un recurso para el artista, también lo es para el científico, para el investigador, para el hombre común y en nuestro medio se convierte casi en un instrumento de supervivencia.

Los talleres creativos

Antes de cualquier planteamiento es necesario que hagamos referencia a los logros y dificultades que hemos encontrado en el proceso de construcción de este grupo de talleres.

Los logros han sido muchos. Se ha conseguido que los alumnos vean la clase de Castellano como un espacio donde pueden explayarse, despejar su mente. Escriben con menos prevención y pereza y se comportan como chicos ágiles en exposiciones y propuestas, su expresión verbal ha mejorado de manera notoria y han roto la barrera de la inhibición.

Se ha recopilado gran cantidad de material creativo. Desde luego, no todo es obra de arte aún, pero sí expresan bastante madurez. (Anexaremos al final de nuestra recopilación algunos trabajos como muestra).

Con los talleres de arte dramático se ha llegado a conocer más a fondo a los estudiantes, sus aptitudes, intereses y también lo que les conmueve.

La experiencia nos dice que podemos aportar mucho al desarrollo del alumno y al desarrollo de las otras áreas del conocimiento, pues los talleres enriquecen la manera de decir las cosas, de apreciarlas y de descubrirlas. Elevan el grado de iniciativa en el niño, lo motivan a crear cosas nuevas con lo ya conocido y sobre todo, le dicen que aprender puede ser muy divertido.

Las dificultades han estado plasmadas en la no consecución de espacios de experimentación más amplios y de mayor cobertura. Igualmente hemos encontrado contratiempos en la secuencialidad de la práctica ya que hemos tenido la experiencia con 6o, 10o, 11o y grado 7o y niños de preescolar y adultos con diferentes grados de escolaridad, pero no hemos logrado seguimiento secuencial.

El establecimiento de bloques de trabajo de 90 minutos ha sido fundamental para llevar a buen término cada taller.

Para el maestro es fundamental el despojarse de todo prejuicio con respecto a lo lúdico, pero ¿qué es lo lúdico? Casi siempre evocamos ante esta palabra lo pueril, lo no serio, la pérdida de autoridad frente a los chicos, despojarse de la máscara de la rigidez (aunque no es tan malo, ¿saben?). Aquí aludimos a lo lúdico como una actividad capaz de admitir el niño interior que todo adulto lleva dentro, tener la capacidad de transmutar lo ordinario en extraordinario, es desarrollar la habilidad para la experimentación, es descifrar el oculto lenguaje de las equivocaciones, es tener capacidad de improvisación, es un desprevenirse, es un vivenciar la alegría, un darle espacio a la imaginación y a los sueños y sobre todo, hablamos de un maestro que se deje sorprender y deje que sus alumnos se sorprendan; pues quien lo hace renueva su espíritu constantemente y está en capacidad de aportar cosas nuevas, si profundiza en sus encuentros.

Proyecciones de la experiencia

"Lo importante es saber qué hacer con las cosas" dice Robert Frost en su poema *En los jardines de Woodward* y sabemos que ahora, más que nunca, con la Ley General de Educación, el maestro debe ser el protagonista, junto con sus estudiantes, del hecho educativo. Por eso nuestra experiencia con los talleres puede traducirse en una propuesta sólida de trabajo, porque contamos con un recurso excepcional como son los talleres y porque partimos de algo de lo que tanto hablamos, pero que nos hace falta poner en práctica, tener en cuenta las necesidades de los alumnos.

Lo más importante en el proceso de aprendizaje es permitirle al estudiante comprender el mundo cada día con más cercanía y sólo él sabe qué tan cerca está de lo que quiere.

"Por sabias que sean las teorías, por exactas que sean sus ecuaciones, ningún grupo de teóricos podrá llegar a saber más sobre balística que un jugador de béisbol, pues los primeros podrán contar con números y cifras, pero el segundo posee un modelo que funciona, que le dice dónde va a caer la pelota cuando ésta está aún en el aire".[2] Y si le sumamos el hecho de que lo más importante no es que "el modelo funcione" sino el hecho de que ese modelo fue descubierto, analizado y sistematizado por el propio jugador durante unas cuantas sesiones de práctica y observación, y agregamos el gran interés que tiene el jugador de ser "el mejor jugador de béisbol", tendremos la posibilidad más cercana de encontrar un método para construír desde el maestro y desde los alumnos, un plan de trabajo acorde no sólo con intereses comunes, sino en coherencia con el currículo de cada institución.

¿De dónde nació la idea?

Durante las dos últimas décadas se ha desarrollado mucho el trabajo de talleres para jóvenes y niños, sobre todo en el campo dramático. Talleres independientes y que se trabajan en grupos aislados o especializados y que tímidamente se lanzan a buscar otros núcleos de trabajo. El auge del mercado teatral en la secundaria hace que quienes promueven esta clase de espectáculo, vinculen a su vez a los actores e integrantes de los grupos a actividades de talleres para los alumnos.

La reacción del maestro es de espectación, sin embargo, considera que no es capaz de afrontar este nuevo instrumento de aprendizaje por

---

2   Holt, John. *El fracaso de la escuela*. Alianza Editorial. Madrid 1987.

falta de conocimientos y de disposición y decide entregar sus alumnos a un tallerista especializado pero poco pedagogo. El resultado obviamente al igual que los talleres es pasajero y recreativo, únicamente.

Pero si el taller es concebido, como pretendemos en este trabajo, como parte de los procesos de aprendizaje del alumno y como complemento a las temáticas que se trabajan dentro del plan de estudios, muy seguramente ha de ser más productivo y enriquecedor.

Además, "la práctica hace al maestro" reza un adagio popular y en este caso sí que se aplica, pues un maestro dedicado y observador puede ir enriqueciendo la propuesta y convirtiéndola poco a poco en un proyecto de trabajo aterrizado, dentro de un plan de estudios en el cual involucre sus propias experiencias.

Así pues, aquí encontrará las herramientas y el enfoque pedagógico que se requiere para recorrer el camino en la construcción de un currículo activo y acorde con las necesidades de desarrollo de sus estudiantes.

Es necesario que durante este proceso el maestro se arme de un instrumento poderoso: Las memorias del taller, las cuales deben recopilarse durante la puesta en común y luego ser enriquecidas por el maestro con sus propias experiencias obtenidas durante cada sesión. Se debe tener el cuidado de escribir la fecha, las edades y las características sobresalientes de quienes participan en la experiencia.

Estas memorias serán el punto de partida para la elaboración de una propuesta particular, posterior.

Los talleres puestos a su consideración han sido trabajados en diferentes oportunidades y circunstancias y como es obvio hemos obtenido distintos resultados, pero en general han aportado mucho al desarrollo propio de los alumnos.

Tómelos, entonces, usted querido colega, como un punto de partida hacia un camino enriquecedor y lleno de sorpresas.

Manejo de los talleres

Como todo instrumento, los talleres deben ser utilizados como herramienta para desarrollar habilidades, destrezas y capacidades de acuerdo con las necesidades que se presenten y a las circunstancias a las cuales nos veamos avocados. Por ésto no hay un orden de presentación de los talleres, pero sí unos propósitos específicos de cada uno, lo cual seguramente servirá de brújula para quien los va a aplicar.

Taller de descripción de un objeto 1

Propósito:	*adquirir destreza en la observación y descripción de un objeto.*
Recursos:	*observación previa de objetos.*
Tiempo:	*sesiones de 45 minutos.*

 asos

1. Previamente se ha solicitado a los alumnos que hagan una descripción de varios objetos conocidos por ellos, sin omitir ningún detalle y teniendo en cuenta pautas como: forma, tamaño, consistencia, textura, color, uso, naturaleza, etc.

   Esta descripción debe ser personal y secreta pero buscando universalizar el concepto del objeto.

2. Se escoge un alumno para que oriente el descubrimiento del objeto a partir de sus características.

3. Los otros estudiantes pueden preguntar acerca de esas características: ¿qué forma tiene?, ¿es suave?, ¿dónde lo vemos con mayor frecuencia?, ¿está cons-

truído por el hombre?, ¿para qué sirve?, etc.; para orientarse en el descubrimiento.

4. El estudiante que está orientando el descubrimiento sólo podrá contestar con un sí o un no a las preguntas de los compañeros.

5. Ahora se organizan en grupos de cuatro estudiantes y cada uno orienta el descubrimiento de un objeto para los otros tres compañeros, contabilizando el tiempo que se demoren para descubrir el objeto.

6. En plenaria se recogen las experiencias y se elabora una memoria del taller.

Nota: Este taller debe repetirse con frecuencia.

Taller de descripción de un objeto 2

Propósito:	*ejercitar la imaginación.*
Recursos:	*recopilación previa de nombres de objetos fantásticos. (La espada del Rey Arturo, las espinacas de Popeye, la nariz de Pinocho, los tres pelos del Diablo, la escoba de las brujas, la manzana de Blancanieves, la zapatilla de Cenicienta, etc.)*
Tiempo:	*sesiones de 90 minutos.*

asos

1. Como previamente en una clase anterior se ha hecho la recopilación de nombres de objetos fantásticos, mediante ejercicios como la lluvia de ideas y aportes espontáneos de los alumnos, el profesor escribe estos nombres en tarjetas que serán depositadas en una bolsa.

2. Al azar los chicos sacarán una tarjeta de dicha bolsa y ese será el objeto que tendrán que describir.
3. Los otros estudiantes deben adivinar el nombre del objeto.
4. Luego se pide a los estudiantes que dibujen cinco de estos objetos y escriban la historia de uno de ellos.
5. Se hace una plenaria en donde se exponen los trabajos y se habla de las experiencias.
6. Se escriben las memorias del taller.

Taller de visualización interior

<table>
<tr><td>*Propósito:*</td><td>*desarrollar la capacidad de observación y de visualización interior.*</td></tr>
<tr><td>*Recursos:*</td><td>*objetos diferentes.*</td></tr>
<tr><td>*Tiempo:*</td><td>*sesión de 90 minutos.*</td></tr>
</table>

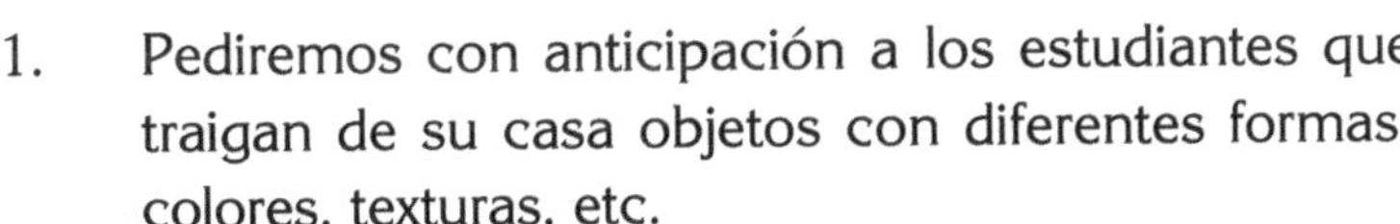asos

1. Pediremos con anticipación a los estudiantes que traigan de su casa objetos con diferentes formas, colores, texturas, etc.
2. Al iniciar el taller es necesario realizar un ejercicio de relajación para disponernos a la observación.
   Sentados correctamente con la columna derecha, las manos en el regazo y los ojos cerrados, hacer un recorrido por nuestro cuerpo relajando cada parte de él, hasta sentirnos a gusto.
3. Se escoge uno de los objetos aportados por los estudiantes y se coloca al frente de la clase, de tal manera

que todos logren verlo en su totalidad.

4. Se solicita a los alumnos observarlo en detalle y luego intentar describirlo, ahora, sin verlo, teniendo en cuenta forma, tamaño, textura, color, etc.

5. Se hace un comentario breve de la experiencia.

6. Ahora cada estudiante tomará en sus manos el objeto que trajo para sí, lo observará visualmente, detallando su forma, su coloración (teniendo en cuenta matices y contrastes), luego, con los ojos cerrados y tocando cada una de las partes del objeto buscará descubrir su textura, su peso, su forma. Posteriormente lo acercará al olfato e intentará descubrir su olor. Más adelante intentará descubrir su sabor y finalmente abrirá de nuevo los ojos y observará de nuevo todos los detalles.

7. Ahora, cerrará los ojos y visualizará el objeto tratando de no olvidarse de ningún detalle. (Si olvida algo, o no lo recuerda bien, debe abrir los ojos y observar de nuevo).

8. Cuando hayamos creado de nuevo el objeto, con la máxima atención nos iremos centrando en cada parte de éste. Nos fijaremos en cada cosa: color, textura, olor, sonido, sabor, temperatura, detalles, etc.

9. Ahora dejaremos volar nuestra imaginación. Empezaremos realizando algunos cambios en el objeto escogido, utilizando todos los sentidos. Podemos realizar estos cambios con sentido del humor para facilitarnos más la tarea y para sacarle el máximo provecho al ejercicio. Por ejemplo nuestro objeto puede convertirse en un hermoso cisne que corretea por todo el salón, salpicando de agua a todo el mundo o talvez picoteando al maestro en la cabeza. Puede oler a mi perfume preferido y puede graznar a su antojo.

10. Puedo en medio de mi divertida visión intentar un cambio de forma o de objeto, pero sin forzarlo.
    Este paso es importantísimo puesto que ejercita la imaginación y la capacidad creativa.

11. Ahora volviendo al objeto inicial, abrimos los ojos, miramos de nuevo el objeto real. Contamos nuestra experiencia.

Nota: Este ejercicio de visualización se puede realizar, también, únicamente utilizando un solo sentido y en sesiones muy cortas. Podemos por otra parte, intentar visualizar personas y lugares, para luego recrearlos. Ésto permitirá un desarrollo en la capacidad de captación de los sentidos y por ende en la capacidad de observación.

Taller de mi fruta preferida

Propósito: *hacer un trabajo de sensibilización con evocación de recuerdos y sentimientos.*

Recursos: *fruta traída por cada uno de los integrantes del taller.*

Tiempo: *sesión de 90 minutos.*

Pasos

1. Con anterioridad se le pide a los estudiantes traer una fruta. Es indispensable que dicha fruta sea su preferida, la que más le gusta. El éxito del taller depende en su totalidad de que se cumpla con este requisito.

2. Al llegar al taller todos se ubican en círculo, adoptando la posición yoga o sentándose en forma relajada -columna derecha, hombros, cuello y cabeza relajados completamente-, las manos cubriendo la fruta sobre el regazo. Ojos cerrados.

3. Se da la orden pausada de tocar la fruta, buscando encontrar su forma y su textura en todo su contenido, recordar su color en todos sus tonos.

4. Se pide a los participantes acercar la fruta hasta el olfato, olerla, tratando de encontrar el olor primero, o sea, ése que me cautivó cuando me encontré por primera vez con ella.

5. Luego se empieza a recorrer el cuerpo con la fruta pasándola por la piel, recordando a la vez cada uno de los encuentros que he tenido con ella durante mi vida. Personas y eventos involucrados, etc.

6. Ahora converso con ella como si fuera mi mejor amigo(a).

7. Ahora la acerco a mi boca y disfruto de su sabor, de su olor, de su textura, del sonido al masticarla. La disfruto a plenitud.

8. Abro poco a poco mis ojos, sin perder el recuerdo y la sensasión, tomo papel y lápiz y escribo mis impresiones y mis recuerdos.

9. Se establecen las conclusiones sobre la experiencia, haciendo énfasis en lo útil que es rescatar la memoria afectiva y la espontaneidad en el ser humano, lo mismo que el disfrute a plenitud de las experiencias que tengamos y la necesidad de la sinceridad, al manifestar los sentimientos en la representación teatral. (Si no existe la memoria afectiva es muy difícil cumplir con este cometido).

10. Opcionalmente se puede hacer una participación de la experiencia completa por parte de uno de los integrantes del taller, pero esta debe ser voluntaria. En cambio el trabajo escrito puede ser revisado por el director del taller para dar sus impresiones al respecto o para orientarlo hacia un trabajo creativo posterior.

Resumen

1. Observación de la fruta.
2. Ejercicio de relajación.
3. Tocar la fruta.
4. Oler y recordar.
5. Recorrer el cuerpo con la fruta. Recordar las veces que me he encontrado con ella.
6. Hablo con ella.
7. Muerdo la fruta, la huelo, la disfruto.
8. Escribo mis impresiones.

Taller de memoria afectiva

Propósito:	*motivar a los estudiantes para que descubran sus propias emociones y luego las puedan controlar y evocar.*
Recursos:	*experiencias pasadas proporcionadas por los mismos estudiantes. Música ambiental.*
Tiempo:	*noventa minutos.*

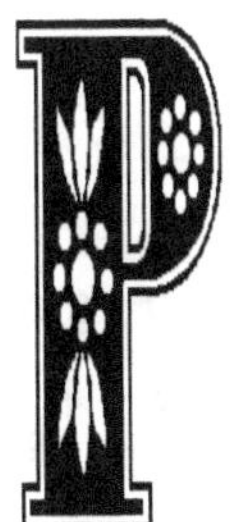asos

1. Colocarse en círculo y en posición yoga (pies cruzados, espalda derecha y manos descansando sobre las rodillas), ojos cerrados.

2. Empezar a recordar poco a poco cada momento de la vida, como una película hasta llegar a la actualidad. (Quien está dirigiendo el taller puede ayudar dando pautas de tiempo y espacio generales, ejs.: mi primer juguete..., mi primera caída, etc...).

3. Encontrar los momentos intensos de cada año y tratar de recordarlos en detalle.

    Mientras los alumnos recuerdan, el director del taller va colocando diversos tipos de música, escogida de acuerdo al gusto de quienes participan en el taller (para ésto se hace una encuesta previa), y va nombrando colores al azar. Ésto se hace para ayudar a la memoria a evocar los recuerdos. Esta ambientación se debe hacer ininterrumpidamente durante 15 minutos.

4. Se pide a los integrantes concentrarse en el momento más intenso de su vida y que recuerden en detalle emociones, encuentros, sentimientos, etc.

5. Después de haber dado el tiempo suficiente para evocar todo el recuerdo en detalle, el director del taller da la orden de volver poco a poco a concentrarse de nuevo solo en la respiración y en su propio cuerpo. Luego se abren los ojos respetando el silencio, hasta que todos tengan los ojos abiertos.

6. Se pide a algunos alumnos contar sus experiencias en este reencuentro con su pasado (debe ser voluntario).

7. Se elaboran entre todos las conclusiones del taller.

Resumen

1. Colocarse en círculo y en posición yoga.
2. Recordar momentos de nuestra vida.
3. Recordar en detalle los momentos más intensos de nuestra vida.
4. Abrir los ojos.
5. Contar la experiencia.

El personaje
de goma

Propósito: desarrollar la originalidad y la imaginación en la construcción de un personaje y de una historia.

Recursos: música ambiental (ojalá paisajista o progresiva).

Tiempo: noventa minutos.

asos

1. Se hace un trabajo de ambientación durante 10 minutos, haciendo el juego de la marioneta. Mientras los alumnos corren alrededor del espacio escogido para el taller, se sentirán halados por un hilo de diferentes partes del cuerpo (manos, pies, rodillas, cabeza, etc.).

2. Se da la orden de acostarse de espaldas al piso y observar la respiración, sin acomodarla o cambiarla, solo observándola.

3. Se pide a los chicos imaginar frente a ellos el animal que más les gusta, observarlo, imaginar sus gestos, sus expresiones, sus formas, verlo desplazarse de un lado a otro, acercarse a ellos. Se les dice que le acaricien y luego se plantea que el animal va reduciendo su tamaño hasta convertirse en un pequeño juguete que cabe en sus manos.

4. Al tener el animal al alcance de sus manos, éste se convierte en un animal de goma, al que se le puede halar y dar nueva forma. Le halamos la cola, las orejas, los pies, etc. hasta darle una forma completamente distinta a la original. *(El tallerista debe dar las pautas poco a poco).*

5. Ahora, se da la orden de dejarlo a un lado o frente a cada uno. El animal empieza a crecer de nuevo hasta tener el tamaño natural. Los alumnos deben reaccionar frente a lo que está sucediendo. Pueden subirse a él, jugar a perseguidos, etc. *El tallerista, mientras tanto, irá cambiándole el estado de ánimo al nuevo ser, para provocar distintas reacciones en los estudiantes. Finalmente dará la orden de tocarle la cabeza para lograr que se achique.*

6. El director del taller da la orden de dejar ir al animal. Regresa poco a poco a los alumnos a la sala de trabajo, vuelven a observar la respiración. Buscará tranquilizarlos y finalmente dará la orden de abrir los ojos poco a poco.

7. Se da la orden de levantarse y escribir todo lo que sucedió.

8. Luego se leen algunos trabajos y se pide a los chicos que para una próxima clase realicen un afiche con el dibujo del animal transformado, acompañado de una frase que él como creador le dedica.

Resumen

1. Ejercicio de calentamiento.
2. Ejercicio de concentración e imaginación.
3. Observar al animal imaginado.
4. Reducir el tamaño del animal.
5. Convertirlo en un personaje de goma.
6. Se coloca la imagen frente a cada uno.
7. Jugar y reaccionar ante el crecimiento de la imagen.
8. Dejar el animal.
9. Nos concentramos en nuestra respiración.
10. Abrimos los ojos.
11. Escribimos todo lo que vimos.

La semilla
crece

<table>
<tr><td>Propósito:</td><td>descubrir las vivencias del crecimiento a través de la concentración y mediante la inducción del director del taller.</td></tr>
<tr><td>Recursos:</td><td>música paisajista o progresiva, nuestra propia vida.</td></tr>
<tr><td>Tiempo:</td><td>noventa minutos.</td></tr>
</table>

asos

1. El director del taller da la pauta de tenderse de espalda al piso, concentrándose en la respiración y en la relajación de los músculos de cada una de las partes del cuerpo (el director ayudará a los alumnos, yendo paso a paso por todas las partes del cuerpo y relajándolas).

2. El director da la orden de colocarse muy lentamente en posición fetal (debe hacerse énfasis en la lentitud de los movimientos).

3. Luego, ya en posición fetal se hace conciencia de ese estado, en donde se está protegido por una cubierta, que le aisla en cierta forma del exterior. Si se es un animal vivíparo se hace conciencia del vientre de la madre, se siente el fluir de líquidos y se trata de reconocer el exterior. Si es una semilla vegetal, se siente llegar desde las capas exteriores el alimento que la nutre.

4. Cada integrante del taller busca encontrar sensaciones de protección, de calor o tibieza, de flotación, de crecimiento. De verse a sí mismo y de su relación con quien lo protege.

5. El director del taller lleva a los alumnos hacia el nacimiento, para sentir la sensación de lucha por salir y finalmente encontrar el mundo iluminado y frío.

6. Se prosigue con el crecimiento, ahora es un cachorro, un bebé, una plantita. Sentirse en libertad de expresar lo que se siente, de desplazarse o erguirse y hacerlo sin ningún prejuicio. Recorrer su vida, e involucrar momentos específicos dentro del ejercicio.

7. Llegar a ser adulto y comportarse como el adulto que se quiere ser. Con el que se ha soñado, así en este momento no se sea.

8. Volver al reposo y finalmente contar la experiencia, compartiéndola con los demás.

Nota: el paso de un estado a otro debe ser inducido por el director de manera pausada y motivadora. Debe, a su vez, observar constantemente las reacciones de sus alumnos y si es preciso reorientarlas. El director debe también orientar el punto ocho, dando un tiempo prudencial para lograr el reposo, haciendo conciencia de la respiración y del cuerpo tendido en el suelo.

Resumen

1. Ejercicio de relajación.
2. Colocarse en posición fetal y hacer conciencia de ello.
3. Ubicación mental en el vientre de la madre.
4. Nacimiento.
5. Empezar a pasar por diferentes estadios de crecimiento, hasta llegar al ser adulto.
6. Imaginar comportamientos y actitudes como adulto.
7. Volver al reposo.

Taller del objeto simbólico

Propósito: desarrollar la intuición en el encuentro con lo simbólico, no solo para crear símbolos, sino para entender el lenguaje de los demás.

Recursos: elementos del aula de clase, vestuario, útiles escolares, etc.

Tiempo: sesión de 90 minutos.

Pasos

1. Se trabaja primero en una etapa de ejercicios de calentamiento corporal, (esta parte se retoma en talleres particulares).
2. Se coloca un objeto en el centro de una rueda hecha por los participantes (silla, mesa, zapato, esfero, etc.).
3. Luego se escoge un participante, quien va al centro del círculo junto con el objeto.

4.   Otro integrante del grupo propone un sentimiento para expresar, y a su vez, quien está en el centro da una caracterización, personificando el objeto.

5.   El alumno empieza a establecer una relación con el objeto y establece un nexo sentimental con él.

6.   El lenguaje utilizado para demostrar esos nexos y relaciones debe ser gestual en un 90%, pero se permite el lenguaje hablado, sobre todo al principio.

7.   El director del taller dará oportunidad, a varios integrantes, de realizar el ejercicio de manera individual, sobre todo para dar confianza a la clase.

8.   Finalmente, involucrando todos los participantes, se les pide que tomen un elemento cualquiera y a la voz del director entren, interiorizando el sentimiento y la situación que ellos elijan, buscando comunicar al director sentimientos y situaciones de manera sincera y expresiva.

9.   En plenaria se deben recoger impresiones sobre la experiencia y sistematizar elementos de comunicación simbólica.
Este taller es fundamental hacerlo previo a experiencias teatrales más complejas.

Resumen

1.   Ejercicios de calentamiento.
2.   Colocar un objeto en el centro del círculo.
3.   Un participante pasa al centro junto con el objeto.
4.   Se establece una relación con el objeto de acuerdo a un sentimiento propuesto.
5.   Cada participante escoge un objeto y establece una relación afectiva, sincera con el objeto.
6.   Contar la experiencia.

Taller de vallas publicitarias

Propósito:	*descubrir y analizar otros medios comunicativos, además de la palabra hablado o escrita.*
Recursos:	*fotografías de vallas, dibujos con copias realizados por los estudiantes.*
Tiempo:	*dos sesiones de 45 minutos.*

asos

1. Se pide con anticipación a los estudiantes observar vallas publicitarias y copiarlas en dibujos a escala, o tomarles fotografías teniendo en cuenta de copiarlas lo más fielmente que sea posible.

2. Se realiza una exposición de estos dibujos y fotografías en el aula de clase, analizando:
   - Mensajes escritos.
   - Colores utilizados.
   - Paisaje general (disposición del fondo y de los elementos que la componen).

- Lo que te dice en forma directa.
- Lo que te sugiere.
- Lo que tú opinas del producto que se está publicitando.

3. Análisis de los siguientes aspectos.
    - Significación de los colores.
    - Signos y símbolos utilizados.
    - Mensaje escrito.
    - Equilibrio de composición.
    - ¿Qué influencia puede tener la publicidad en el ser humano?
    - ¿De qué depende la efectividad de la valla?

4. Creación de una valla publicitaria por parte de cada alumno, promoviendo su mejor cualidad.

5. En una sesión próxima se debe hacer una exposición y análisis de los trabajos.

6. Elaboración de las conclusiones y memorias del taller.

Nota: Como variante de este trabajo, se puede desarrollar el análisis de propagandas audiovisuales (televisión y cine), haciendo una comparación en cuanto a composición, mensajes y efectividad en el usuario.

Taller del aquelarre

Propósito: encontrar en la expresión corporal significantes que son prolongación de la palabra.

Recursos: música ambiental (preferiblemente Carmina Burana).

Tiempo: sesión de 45 minutos.

Pasos

1. Es necesario, previo al taller, realizar ejercicios de calentamiento corporal (recurrir para ésto a los talleres específicos presentados en este libro).
2. Los integrantes del taller se colocan en círculo y se toman de la mano para cantar un estribillo.

   Lunes y martes y miércoles tres.

   Jueves y viernes y sábado seis.

   El grupo dará a este estribillo ritmos y tonos diferentes en cada vuelta que den, hasta que cada uno de los integrantes se sienta identificado con un tono y ritmo. (Por ej. agudo y rápido).

3. A partir del tono y ritmo escogido se buscará la personificación de la bruja, utilizando la deformación de las partes del cuerpo (joroba, pie chapín, cara arrugada, manos artríticas, etc.).

4. Luego se trabajan, con esta personificación, los diferentes estados de ánimo (rabia, dolor, risa, llanto, tristeza, etc.) diciendo el siguiente conjuro:

Por los cuernos del macho cabrío
que se hundan en las aguas del río,
por las ancas de la rana
que no los auxilien las ramas.

Desmorónalos madre tierra,
húndeles el fuego en el corazón,
ciérrales los ojos y aquiétales la lengua,
ciérrales el paso con el fango pesado.
Madre tierra, ahuyéntalos.

El conjuro debe ir acompañado de las acciones corporales que representen lo que allí se dice, junto con los signos y símbolos de la brujería ancestral (escupir, botar energía con la punta de los dedos, emitir chillidos estremecedores, etc.).

5. Se terminará cantando el estribillo inicial, mientras, agotadas las brujas, buscarán el reposo, sentándose o acostándose de espaldas al piso. Observamos nuestra respiración y nos abandonamos al descanso.

6. Se hará una plenaria para sistematizar la experiencia.

Resumen

1. Calentamiento corporal.
2. Aprendizaje del estribillo.
3. Cambio de tonos, ritmos, etc.
4. Personificación de la bruja, uniendo al tono y ritmo del estribillo una deformación corporal.
5. Trabajar los diferentes estados de ánimo del personaje.
6. Realización del conjuro.
7. Terminar acostados y en reposo, de espaldas al piso.

El muñeco articulado y el muñeco de arroz

Propósito:	*explorar las posibilidades de movimiento del cuerpo humano.*
Recursos:	*espacio amplio, los mismos compañeros de clase.*
Tiempo:	*sesión de 90 minutos.*

asos

1. Realizamos una sesión de calentamiento de 30 minutos, enfatizando en el estiramiento de las articulaciones.
2. Proponemos el juego en el cual nos haremos por parejas de trabajo.
3. Uno de los integrantes hará de niño-travieso, mientras que el otro hará de muñeco. Luego se alternarán, a una orden del director del taller.
4. Primero se trabajará el muñeco articulado así:
   El muñeco permanecerá con sus músculos tensionados y de esta manera solo podremos mover sus articulaciones.

5. El alumno que hace de niño-travieso, intentará todas las posiciones que se le ocurran para su muñeco, cuidando siempre de no hacerle daño.

6. Después del intento de una nueva posición para el muñeco el director dará la orden de *¡cambio!*, y se intercambiarán los papeles.

7. Ahora se hará el cambio al muñeco de arroz, el cual, basados en el nombre que se le da a aquellos muñequitos de trapo rellenos de arroz y que son muy flexibles, consiste en relajarse completamente y permitir que el niño-travieso mueva la cabeza, las extremidades, y en general todo el cuerpo, a su antojo.

8. Al igual que en el muñeco articulado, los alumnos se intercambiarán de personaje en cada movimiento del muñeco.

9. Se realiza la plenaria y se elaboran las conclusiones de la experiencia.

Resumen

1. Calentamiento.
2. Nos distribuimos por parejas.
3. Un alumno hace de muñeco y otro de niño travieso.
4. El niño travieso mueve las articulaciones del muñeco buscando diversas posiciones.
5. Ahora el muñeco se transforma en uno de arroz.
6. El niño travieso moverá, igualmen

Escultura viviente

Propósito: *acercarse al grado de simbolización manejado por el grupo y desarrollar la iniciativa individual.*

Recursos: *elementos del aula de clase, telas.*

Tiempo: *sesión de 90 minutos.*

asos

1. Se solicita con anticipación, a los estudiantes, la consecución de telas de diferentes tamaños, las cuales ayudarán en la consolidación de propuestas escultóricas.
2. Es necesario hacer un calentamiento corporal previo. (Juego del muñeco de arroz y el muñeco articulado).
3. Se solicita a los chicos enumerar diferentes valores sociales y espirituales existentes en la sociedad. Se comentan experiencias al respecto, u opiniones diversas.

4. Se organizan grupos no mayores de diez alumnos y se pide escoger un valor para representar en forma de escultura.

5. Uno de los integrantes del grupo debe hacer de escultor. Él es quien va dando la forma a la escultura, ordenando o disponiendo las posiciones que sus compañeros deben adoptar (brazo levantado, mirada al cielo, etc.).

6. Una vez lista la escultura, debe ser expuesta a consideración del público (pasará cada grupo en forma individual, mientras los otros grupos hacen de público), quien debe adivinar cual de los valores está allí representado. Si no es adivinado, el grupo debe reconsiderar la escultura.

7. Se hacen comentarios sobre las propuestas escultóricas, incluyendo nuevas propuestas.

8. Finalmente con la participación de todos los integrantes del taller se hace una propuesta escultórica sobre el juego.

9. Se hace una plenaria y se sistematiza la experiencia, y se hacen propuestas temáticas para una sesión posterior de práctica.

Resumen

1. Se consiguen telas de diferentes tamaños y colores.

2. Se hace calentamiento corporal.

3. Se hace lluvia de ideas sobre valores culturales, sociales y espirituales.

4. Se organizan grupos de trabajo en los cuales hay un escultor.

5. El escultor realiza la escultura tomando a sus compañeros y las telas como elementos básicos.

6. Se analizan y discuten las propuestas.

La casa de los sonidos

<table>
<tr><td>Propósito:</td><td>trabajar el espacio como un elemento de significación en el juego dramáti-co.</td></tr>
<tr><td>Recursos:</td><td>tiza de colores, campo de juego amplio.</td></tr>
<tr><td>Tiempo:</td><td>sesión de 90 minutos.</td></tr>
</table>

Pasos

I. Con anticipación se pide a los integrantes del taller realizar el plano de una casa teniendo en cuenta los siguientes espacios:

A. Área de visita.
B. Área de descanso.
C. Área de reflexión.
D. Área de intimidad.
E. Área de juego.
F. Área de rituales.
G. Área de espantos.

2. Se escoge, por votación, un plano y se reproduce en el espacio previsto, utilizando tiza de color.

3. Inicialmente se realiza un paseo de reconocimiento de la casa, realizando las actividades que cada sitio sugiere.

4. Luego el director debe nombrar un sentimiento: amor, odio, cólera, tristeza, abatimiento, alegría, etc., el cual acompañará a los alumnos en su paseo por la casa, sin olvidar la realización de las actividades propias de cada lugar.

5. Al comienzo el alumno hará todo el recorrido de la casa con ese sentimiento, pero luego, el director cambiará de sentimiento cada cierto tiempo, teniendo en cuenta la capacidad de concentración de sus pupilos y exigirá que el paseo se haga cada vez mas rápido.

6. Luego, se escogen algunas parejas de integrantes para que realicen el ejercicio, mientras los demás observan.

7. Se recopilan las experiencias individuales y colectivas, y de regreso al aula se hace la sistematización, y se hacen propuestas para posteriores sesiones.

Resumen

1. Realizar plano de una casa sobre superficie amplia.
2. Paseo de reconocimiento por la casa.
3. Realización de actividades propias de ese sitio de la casa.
4. Se asume un sentimiento para realizar el paseo y las actividades de cada sitio.
5. Juego de sentimientos.
6. Socialización.

El
zoológico

Propósito: *ejercitar nuestra concentración e imaginación.*

Recursos: *música (podemos acompañarnos con un tambor o cassete con música de tambores).*

Tiempo: *sesión de 90 minutos.*

asos

1. Hacemos un calentamiento de 30 minutos enfatizando en estiramiento muscular.

2. Este calentamiento siempre debe tener un carácter lúdico.

4. Previamente, en una bolsa, el maestro ha colocado unas papeletas con nombres de animales.

5. Cada estudiante saca una papeleta con un nombre, el cual debe mantener en secreto.

6. A una orden del director un grupo de alumnos, no mayor de 6, busca representar este animal con todas

sus características, mientras el resto trata de adivinar de qué animal se trata.

7. Todos los alumnos deben pasar a representar el animal que les correspondió.

8. Luego de esta etapa cada estudiante debe escoger el animal que más le agrade, recordar una a una sus características y luego en un proceso de concentración, debe hacer su representación. En este ejercicio todos deben participar a la vez, ya que al estar cada uno concentrado en sí mismo se evitan problemas, como la inhibición o el miedo a "hacer el oso".

9. Posteriormente, voluntariamente, algunos representarán su animal para los demás.

10. Se elaboran conclusiones de la experiencia.

Resumen

1. Calentamiento corporal.
2. Se escoge una papeleta con nombre de un animal.
3. Se representa el animal en forma individual.
4. El público adivina de qué animal se trata.
5. Se escoge el animal que más nos agrade.
6. En un proceso de concentración se hace una representación incluyendo emociones y sentimientos.

Mi primer libreto

Propósito: *realizar poco a poco la adaptación o escritura de un libreto a partir de un texto narrativo o de una idea global preconcebida.*

Recursos: *textos narrativos, modelo temático.*

Tiempo: *dos sesiones de 45 minutos y una de 90 minutos.*

Pasos

Primera sesión

1. Lectura de un pasaje narrativo en colectivo. (Grupos de 4 alumnos).
2. Extracción de los personajes del texto.
   - Nombres de los personajes de la historia.
   - Descripción de cada uno de los personajes (características físicas, sentimientos que manifiestan, conductas, vestuario, ademanes, gestos, etc.).

- Elaboración de las biografías de los personajes.
- Entrega de los trabajos al maestro para su valoración.

Segunda sesión (90 minutos)

1. Lectura en grupo de las observaciones hechas por el maestro a cada trabajo. Realización de los ajustes necesarios.
2. División del texto en escenas, teniendo en cuenta:
   - Las situaciones. Sucesos que ocurren en la historia y cómo ocurren.
   - Los conflictos que se presentan en la escena y los encuentros entre los personajes. El tiempo de cada escena.
   - Los parlamentos de los personajes. Lo que cada personaje dice dentro de la escena. Los diálogos que se desarrollan.
   - Desplazamientos y lugares. Los lugares que el personaje recorre en cada escena y los desplazamientos que el actor deberá realizar.

   Aquí es muy importante que se den pautas sobre la forma de escritura que tiene un libreto. Hay que enfatizar que las instrucciones con respecto a acciones y desplazamientos generalmente se escriben entre paréntesis y con letra destacada.

   Los parlamentos deben escribirse antecedidos del nombre del personaje que los dice. Y si se quiere hacer un planteamiento sobre la escenografía, utilería o vestuario, se debe hacer al comenzar la escena, con letra destacada.
3. Se solicita a los alumnos que para la siguiente sesión, teniendo en cuenta el libreto elaborado, se traigan elementos necesarios para realizar una improvisación.

Tercera sesión (45 minutos)

1. Se realizan las improvisaciones, se hace una puesta en común donde se hacen observaciones a cada grupo, para hacer los ajustes pertinentes a su trabajo.
2. Se hacen intercambios de libretos, se leen y se hacen nuevos aportes.
3. Se elaboran las conclusiones del taller y las memorias.

NOTA: Los libretos pueden ser utilizados para un posterior montaje, lo cual permitirá enriquecerlos mucho más.

Montaje
teatral

Para el desarrollo de este taller podemos tomar los libretos que han sido elaborados por los alumnos.

Propósito:	*posibilitar que el juego dramático sea organizado y diseñado para emitir mensajes mucho más concretos y artísticos.*
Recursos:	*libreto, escenografía, utilería, escenario.*
Tiempo:	*tres sesiones de 90 minutos con intermedio entre una y otra de ocho días de trabajo. (Aquí se pedirá a los chicos aprovechar al máximo el tiempo que están juntos, para ultimar detalles del montaje).*

asos

Primera sesión

1. Se pide con anticipación a los alumnos, investigar sobre un libreto ágil y corto.
2. Lectura del libreto en grupos.
3. Descripción de personajes, con todas sus características.
4. Ubicación de lugares y elementos mínimos de escenografía.
5. Reconocimiento de la utilería necesaria en el montaje.
6. Ubicación de las escenas y descripción de las acciones en cada una de ellas.
7. Lectura interpretativa de parlamentos, con personajes ya asignados.

Segunda sesión

1. Asignación de responsabilidades entre los integrantes del grupo (director, escenógrafo, utilero, vestuarista, maquillador).
2. Improvisación de la obra (para esta representación es fundamental que los alumnos manejen ya los parlamentos de cada personaje y las acciones que tiene que realizar).
3. Puesta en común con interrogantes, comentarios y propuestas para los grupos sobre el montaje.
4. Elaboración de una maqueta con la escenografía de la obra.

Tercera sesión

1. Presentación de las obras.
2. Evaluación del trabajo y sistematización de la experiencia.

NOTA: Es importante ser flexible en el tiempo que nos tomemos para realizar este taller, pues si es preciso tomar una cuarta sesión se debe tomar.

Resumen

1. Escogencia y adaptación del libreto.
2. Descripción de personajes.
3. Ubicación de lugares.
4. Diseño de escenografía y escogencia de utilería.
5. Ubicación de escenas y descripción de acciones.
6. Lectura interpretativa y asignación de personajes.
7. Improvisación de la obra.
8. Organización del montaje basado en improvisaciones y propuestas.
9. Ensayo de entradas y salidas de escena.
10. Ensayo del montaje completo.

El guión
ecológico

Propósito: *acercarnos mediante el teatro a la problemática actual de destrucción en nuestro planeta.*
Recursos: *tarjetas con nombres de lugares, animales, personajes.*
Tiempo: *dos sesiones de 90 minutos.*

asos

1.   En una bolsa se introducen los nombres de lugares, en otra los nombres de animales, y en otra los de personajes. Es necesario escoger sitios motivantes o sensibilizadores al tema: un desierto, un bosque quemado, un basurero, una laguna, una calle intransitable, etc.

2.   Nos organizamos en grupos de cuatro estudiantes para realizar el guión.

3. Con la ayuda de tres estudiantes más, el maestro hará que por grupo sean sacadas dos tarjetas de cada bolsa y con estos ingredientes el grupo debe construir el guión.

4. Cada grupo tendrá derecho a incluir un personaje de su invención dentro del guión.

5. Los pasos a seguir para la escritura del guión son los siguientes:
    -   Los integrantes del grupo se ponen de acuerdo en la historia que van a tratar.
    -   Organizan una improvisación de la obra que van a escribir y la representan.
    -   Escriben el guión siguiendo los pasos que se indican en el taller *mi primer libreto*.

6. Se hacen las lecturas de los libretos por medio de intercambio, mediante el juego del carrusel.

7. Se hacen observaciones en plenaria.

NOTA: Los guiones pueden ser montados, para su representación, en eventos de tipo ecológico, de esta manera se estará haciendo un reconocimiento al esfuerzo de los alumnos.

Resumen

1. Se organizan grupos de cuatro estudiantes.
2. Se escogen 2 tarjetas con nombres de eventos o sitios que sensibilicen sobre el tema ecológico.
3. El grupo incluye un personaje para el guión.
4. Se escribe el guión.
5. Se corrige en grupo.
6. Se hace una improvisación del guión.

Instante
fotográfico

<table>
<tr><td>Propósito:</td><td>desarrollar la habilidad para intro-
ducir datos momentáneos dentro de
textos ya consolidados.</td></tr>
<tr><td>Recursos:</td><td>leyenda universal proporcionada por
el tallerista o cuento preferido por los
estudiantes. Fotografías de tipo des-
criptivo o narrativo, de periódicos o
revistas, recopiladas por el maestro.</td></tr>
<tr><td>Tiempo:</td><td>sesión de 90 minutos.</td></tr>
</table>

Pasos

1. La narración debe ser leída con anterioridad al taller y preparada para ser narrada a los demás compañeros.
2. Se entrega papel y lápiz a los integrantes y se les pide que comiencen a narrar la historia preparada.
3. Pasado un lapso de cinco minutos, el maestro debe entregar a los chicos una de las fotografías y pedirle que incluya el tema dentro de su narración. El alumno

debe, luego de incluir el tema de la fotografía, continuar contando la "historia base", sin perder la coherencia de la narración.

4. A los diez minutos el maestro incluye una nueva fotografía, la cual probablemente le cambie el rumbo a la "historia base", pero el alumno debe volver poco tiempo después sobre el redil, ya que debe terminar la historia tal como él se la sabe, pero sin forzarlo o sin perder la coherencia.

5. En grupos de cuatro estudiantes, se socializan las historias durante un lapso de 15 minutos, y se escoge una para leer a toda la clase.

6. Después de las lecturas se hacen los comentarios y sugerencias pertinentes y se sistematiza la experiencia.

NOTA: Si se puede escoger un cuento como Caperucita Roja, mucho mejor, ya que el alumno generalmente reacciona con apatía frente a estos cuentos tradicionales y sin embargo, después de realizar este taller, su concepto y actitud cambian.

Resumen

1. Se preparó una historia para contar.
2. Se inicia narrando, la historia preparada, en una hoja en blanco.
3. El maestro va distribuyendo fotografías que el alumno va incluyendo dentro de su narración sin perder el hilo de la historia.
4. Se da un final a la historia sin forzarla.
5. Se socializan las historias.

El flash
situacional

<table>
<tr><td>Propósito:</td><td>utilizar el elemento sorpresa en la estimulación de la mente para un hecho creador.</td></tr>
<tr><td>Recursos:</td><td>recortes de periódico con un texto descriptivo sobre una situación. Cuentos, fábulas o poesías de una página, máximo.</td></tr>
</table>

asos

1. Se pide a los estudiantes traer un texto que sea de su agrado para trabajar durante la sesión. Puede ser también un texto de acuerdo al tema literario que se esté tratando.

2. Se pide que pasen el texto con su puño y letra en una hoja o cuaderno, pero el tallerista estará pasando por los puestos y colocará unos textos sobre el escritorio de cada uno (textos que no tengan más de cuatro renglones). El alumno debe leer lo que el tallerista le

entregó e involucrarlo en su texto, pero sin perder el hilo de la historia.

3. Hay que hacer énfasis en que no se trata de copiar el texto tal cual nos lo pasó el tallerista sino, de retomar la idea o el "sabor" del texto al incluirlo dentro de la historia.

4. Luego el integrante del taller sigue con su tarea de copiar su texto original hasta un nuevo texto entregado por el tallerista, con el cual hará lo mismo que en el punto 2.

5. En esta oportunidad el alumno podrá cambiarle totalmente el rumbo a la historia original.

6. En forma voluntaria se leen algunos textos y se hacen los comentarios y propuestas pertinentes y se sistematiza la experiencia.

Los personajes cuentan las historias

<table>
<tr><td>Propósito:</td><td>aprender a ver los puntos de vista de los demás.</td></tr>
<tr><td>Recursos:</td><td>cuentos infantiles (Pinocho, El Soldadito de Plomo, Caperucita Roja, etc.)</td></tr>
<tr><td>Tiempo:</td><td>sesión de 90 minutos.</td></tr>
</table>

Pasos

1. El maestro hará con anticipación tarjetas con los nombres de los personajes de los cuentos infantiles. Para ésto, él debe haber indagado sobre qué cuentos dominan o conocen sus alumnos.
2. Cada alumno sacará una tarjeta.
3. El personaje que haya salido en la tarjeta será quien contará la historia (por ejemplo si a mí me ha salido El Lobo feroz, entonces el cuento de Caperucita Roja lo contará el Lobo Feroz).

4. Obviamente el personaje sacará partido de la situación para hacer ver su inocencia y la culpabilidad de los demás.

5. Cada alumno escribirá la versión del cuento que le corresponde, de acuerdo al personaje que se le asignó.

6. Se escogerán algunas historias al azar para ser leídas en público, pero los otros personajes de la historia intentarán defenderse o aclarar la versión que se esté escuchando.

7. Finalmente se hará una plenaria para sacar conclusiones sobre el taller y sobre la experiencia.

Campos
semánticos

Propósito: *establecer relaciones semánticas entre palabras.*

Recursos: *diccionarios, experiencia propia.*

Tiempo: *sesión de 90 minutos.*

Pasos

1. Buscamos al azar una palabra, ojalá que nombre algo de nuestro entorno cotidiano (por ejemplo la palabra casa).

2. Ahora establecemos relación con palabras cercanas a ella de acuerdo a:
   - Los elementos que la constituyen: ventanas, puertas, paredes, etc.
   - Los elementos de los cuales está construída: madera, cemento, ladrillo, etc.
   - Por sus partes: alcoba, comedor, etc.
   - Por las cosas que hay en ella: electrodomésticos, muebles, etc.

- Por su uso: refugio, descanso, etc.
- Por quienes la utilizan: las personas, el perro, los fantasmas, etc.
- Por lo que nos aporta: comodidad, calor, protección, etc.
- Por sinonimia: domicilio, vivienda, etc.
- Por antonimia: descampado, calle, etc.
- Por homofonía: caza.
- Por homonimia: casa de casarse.
- Por derivación: caseta, casona, etc.

3. Construimos un esquema estableciendo cercanía en la relación de las palabras, para construir finalmente la gran familia de la palabra casa.

4. Teniendo en cuenta esta familia ya conformada (yo puedo ampliar la familia si quiero, buscando la subfamilia de cada uno de los doce aspectos por ejemplo, puedo buscar los sinónimos de alcoba o de armario, etc.) vamos a describir nuestra casa ideal.

5. Ahora leo a mi compañero lo que escribí, de acuerdo con la descripción que le hice, él me hará la *foto de mi casa* (un dibujo).

6. Puedo plantear a los alumnos que aprovechen esta descripción para buscar otras palabras que no hayamos encontrado antes y que pertenezcan a la familia: celocías, despensa, patio, etc., ésto ampliará muy seguramente el círculo familiar de la palabra.

7. En plenaria se comentan y analizan las experiencias (algunas) y se sistematiza la experiencia general.

NOTA: Este taller realizado con cierta frecuencia y complicando el nivel de uso de la palabra, permite desarrollar la fluidez verbal. Puedo escoger, por ejemplo, palabras de otras áreas del conocimiento y familiarizar al alumno con ellas de manera profunda y detallada.

Frases locas 1

asos

1. El maestro con la ayuda de los alumnos forma una lista de tríos escrita en la pizarra, en lo posible, las palabras no deben tener ninguna relación. Por ej:

ladrillo	nube	puente
camino	mente	sucio
espacio	hilo	prisa

2. En una fotocopia (puede ser una cartelera también), previamente preparada el maestro presentará a los chicos la lista de las preposiciones.

3. Se pide a los alumnos que por turnos vayan colocando la preposición que quieran (ojalá sin pensarlo), entre palabra y palabra del trío, así se establecerá una curiosa cadena.

Ej: *Ladrillo de nube en puente*
Camino por mente de sucio
Espacio sin hilo contra prisa

4.   En grupos de cuatro alumnos trabajarán un trío. Cualquiera puede ser voluntario o el que el maestro asigne, escribiendo una pequeña historia que recoja el sentido de las frases formadas. (Es necesario limitar el escrito a 6 renglones, para facilitar su lectura y porque limitando se exige más calidad narrativa).

5.   Analizamos las historias escritas por los grupos, teniendo en cuenta: coherencia, capacidad imaginativa, construcción narrativa. Se hacen propuestas y se sistematiza la experiencia.

6.   Hacemos un análisis sobre el uso de las preposiciones.

Resumen

1.   Se escriben tríos de palabras sin ninguna relación.
2.   Se agregan preposiciones para establecer una cadena de palabras.
3.   Se elabora una historia utilizando las frases elaboradas.
4.   Se socializan las historias.

Frases locas 2

Antónimos y sinónimos

Propósito: *trabajar sinónimos y antónimos, ampliar el vocabulario y desarrollar la fluidez verbal.*

Recursos: *diccionario español de la lengua y diccionario de antónimos y sinónimos.*

Tiempo: *noventa minutos.*

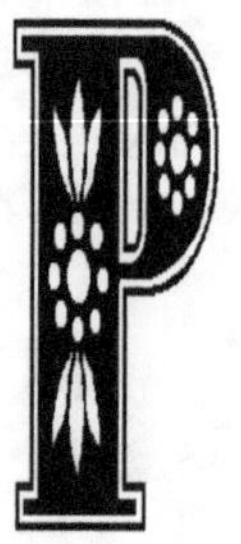

Pasos

I. Se toma una palabra del vocabulario común y se pide a los estudiantes buscar todas las palabras que tengan igual significado a la dada, utilizando para ello los diccionarios y su propia experiencia verbal. Por ej: pequeño: diminuto, chico, corto, limitado, escaso, mezquino, innoble.

Luego se analiza detenidamente, en la vida cotidiana cuándo se usa cada uno, cuál es el significado que se le da.

Así:

- *Pequeño:* Cuando hablamos de estatura o de tamaño.
- *Diminuto:* Cuando queremos exagerar el tamaño.
- *Chico:* Cuando hablamos de edad o talla.
- *Corto:* Cuando hablamos de longitud o cantidad.
- *Escaso:* Cuando hablamos de cantidad.
- *Limitado:* Cuando hablamos de espacio o de un límite de o para algo.
- *Mezquino:* Cuando hablamos de un proceder.
- *Innoble:* Cuando hablamos de un comportamiento o de un carácter.

2.   Ahora buscamos la palabra contraria para cada una de ellas.

Así:

- *Pequeño   Alto*
- *Diminuto   Grande*
- *Chico   Adulto*
- *Corto   Largo*
- *Escaso   Abundante*
- *Limitado   Inmenso*
- *Mezquino   Dadivoso*
- *Innoble   Noble*

3.   Ahora construímos frases utilizando las dos palabras de cada pareja en la misma proposición.

Por ejemplo:

Ese pequeño ratón subió a lo alto del árbol.

Un diminuto grano de arena cayó de la roca grande.

Ese chico parece un adulto.

4.   Ahora reunimos las frases y construímos una historia.

Ese chico parece un adulto, dijo el más anciano de todos, cuando el pequeño ratón subió a lo alto del árbol. Todos rieron a carcajadas y un diminuto grano de arena cayó de la roca grande que los sostenía. Y todos, hasta el anciano, huyeron despavoridos, creyendo que era un gran terremoto el que se avecinaba.

5. Leemos algunas historias y las comentamos.

6. Resumimos la experiencia en plenaria. ¿Qué otras variantes puede tener?

El
absurdo 1

Propósito: *posibilitar la búsqueda de un todo donde por principio no lo hay. Buscar la coherencia en el absurdo.*

Recursos: *recortes de fotografías, 1/4 de cartulina y pegante.*

Tiempo: *45 ó 90 minutos, según la profundidad del ejercicio.*

asos

1. Recortamos, en triángulos de diferentes tamaños, las fotografías que hemos traido para el taller.
2. Colocamos los recortes dentro de una bolsa única para revolverlos.
3. Luego, nos organizamos en grupos de 4 estudiantes.
5. Ahora tomamos un puñado de recortes de la bolsa e intentamos reconstruir una fotografía, dándole cierta lógica y estética.

6. Aprovechando precisamente aquella cabeza sin cuerpo, o aquella mano que sale de un florero o el árbol que nace de una lavadora, etc. El grupo, llevado por su imaginación creadora, construirá una historia que contará posteriormente a sus otros compañeros de trabajo.

7. Cada grupo ayudado con la fotografía reconstruída contará la historia, dándole cierto carácter de misterio para hacer más divertido el texto.

8. Ahora, hablemos de la experiencia, y elaboremos propuestas de trabajo para una próxima sesión.

El
absurdo 2

Propósito: *integrar ideas colectivas, dando coherencia a través del absurdo y de la lógica.*

Tiempo: *45 minutos.*

Recursos: *hojas de papel tamaño oficio.*

asos

1. Se reparte una hoja de papel por fila o hilera.
2. Se pide que al primer estudiante el de la cabeza o el de la cola, conteste la siguiente pregunta: ¿Quién era? luego se le ordena que haga un doblez a la hoja, ocultando su respuesta, y que pase la hoja al segundo estudiante, en su orden.
3. Este alumno contestará la pregunta ¿dónde estaba?
4. El segundo alumno da otro doblez a la hoja y la entrega al tercero y así sucesivamente, hasta terminar la serie de preguntas:

- ¿Qué hacía?
- ¿De dónde era?
- ¿Quién lo vió?
- ¿Qué dijo la gente?
- ¿Cómo terminó todo?

5. El último de los alumnos lee la hoja como si se tratara de un todo.

   (Estos ejemplos son extraídos de mis propias experiencias).

• Un conejo amarillo	El autor de la novela
• Estaba en la selva	Abogado de Palestina
• Compraba zapatos	Vino a hacer una estrategia
• De Guadalajara	No sé
• Para cantar en T.V.	De qué
• Lo vio un sapo	
• Dijo que no	
• Se murió	

6. En grupo se le da más coherencia a las historias y se consignan junto con la memoria de la experiencia.

Resumen

1. Se reparte una hoja por hilera.
2. Se rota la hoja en orden de la cabeza a la cola, contestando la pregunta correspondiente.
3. Se lee la hoja ya con todas las preguntas contestadas.
4. En grupos de cuatro alumnos se revisa y da coherencia a las historias.

El
absurdo 3

Propósito: *encontrar en las características, situaciones y hechos contrarios un acicate para nuestra imaginación.*

Recursos: *ideas supuestas dadas por los estudiantes.*

Tiempo: *sesión de 90 minutos.*

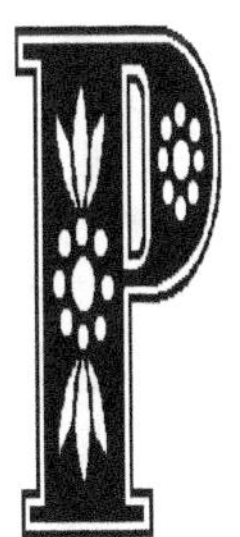

asos

1. Se hace una lluvia de ideas sobre posibles desastres o cosas obsurdas que pudieran suceder como: los dulces se vuelven amargos, el sol se apaga, el agua se vuelve salada, nosotros caminamos en las manos, nos quedamos sin voz, etc.

2. Basados en una de esas ideas vamos a escribir una historia, teniendo en cuenta que debemos solucionar el problema que se presenta, o adaptarnos a él.

3. Intercambiamos la historia con nuestro compañero del lado.

4.   Hacemos observaciones sobre redacción y ortografía.

5.   Se leen algunos trabajos en voz alta, para toda la clase.

6.   Se recogen experiencias y se elaboran las conclusiones.

El emblema del curso

Propósito: *ejercitar la solidaridad mediante la creación colectiva y a la vez desarrollar la fluidez verbal.*

Recursos: *grabadora.*

Tiempo: *dos sesiones de 90 minutos.*

Pasos

1. Escogemos un animal con el cual nos identifiquemos más.
2. Hacemos una votación para saber cuál animal es escogido por la mayoría para adoptarlo como representación del curso.
3. Ahora entre todos lo vamos a caracterizar y a describir en detalle (vamos a colocarle características nuestras, físicas y espirituales, por ejemplo, puede ser perezoso, divertido, flaco, etc.).
4. Ahora vamos a pensar algunas de las aventuras que nos gustaría tener si fuéramos ese animal y estuviéramos en el colegio.

5.   A una orden del maestro, un alumno, escogido al azar empezará a contar la historia de ese animal, de acuerdo a la aventura que pensó. En ese momento se empezará a grabar.

6.   En cualquier momento el maestro lo interrumpe y da la palabra a otro estudiante, quien continuará la historia.

7.   La historia seguirá pasando de boca en boca, mientras el maestro juega el papel de director de orquesta. Así hasta terminarla.

8.   Luego cada estudiante, reconstruirá la historia en forma escrita a partir de lo que oyó, para leerla en la próxima sesión.

9.   Al empezar la sesión los alumnos se harán en grupos de 4. Allí intercambian sus trabajos y escogen la que ellos consideren, se acerca más al original.

10.   Ya en plenaria se leen las historias finalistas, se escucha la grabación original, se escoge la ganadora y se le hacen los ajustes necesarios.

11.   Todos copiamos la historia en nuestro cuaderno de memorias, como recuerdo.

12.   Un grupo de voluntarios escribirá la historia en formato gigante y luego en forma colectiva la ilustramos.

13.   Decoramos una pared de nuestra aula con nuestra historia.

14.   Resumimos la experiencia y damos nuevas propuestas.

Resumen

1.   Escogemos un animal que represente al curso.

2.   Lo describimos en detalle y lo caracterizamos.

3.   Inventamos aventuras para ese animal si estuviera en el colegio.

4.   Empezamos la historia como una cadena de cuenteros.

5.   Se reconstruye la historia en forma escrita.

6.   Se escoge la historia mejor contada.

7.   Se elabora en formato gigante.

La fábula de mi vecino

Propósito: *aprender a organizar los datos obser-vados y transformarlos en elementos fantásticos de carácter narrativo.*

Recursos: *observación de personajes de la comunidad, eventualmente entrevis-tas.*

Tiempo: *una sesión de 45 minutos y dos de 90.*

asos

1. Se pide a los estudiantes cualidades y defectos en una lluvia de ideas. El maestro o un alumno, va escribiendo todo en el tablero, en columnas espaciadas, mientras los chicos lo hacen en el cuaderno.

2. Luego pide a los chicos pensar en un animal que represente cada una de estas cualidades o defectos. Escribirá el nombre al frente de cada característica.

3. Luego los alumnos han de pensar en una persona de su familia, o conocida por ellos, que tenga alguna característica de éstas. Por supuesto que también escogerá el animal que la representa.

4. Como trabajo para la casa, el maestro debe solicitar, averiguar al máximo sobre las características particulares del animal escogido, lo mismo que sobre la persona (costumbres, actuaciones etc.).

5. El maestro pide a los estudiantes escribir una historia con los siguientes elementos:

   - En dónde vive el personaje. Será un animal con las costumbres, actuaciones y cualidades de la persona.

   - Una anécdota de algo que le haya pasado por ser como es.

   - Buscar la manera de castigarle o premiarle por la forma de ser.

   - Debe darse una moraleja o enseñanza para la persona que lea la historia.

   - Titular la historia.

6. Para la siguiente sesión se deja como trabajo leer la historia a la persona que se escogió para ella y pedirle que nos haga un dibujo *(para ésto, es muy importante que el alumno haya escogido personas a las cuales les tenga confianza suficiente, y que tenga más de una alternativa para solicitar la ilustración de la historia. Así lo hemos hecho hasta ahora y hemos asegurado el éxito del taller).*

7. En la tercera sesión se hace una exposición de los trabajos en el aula, se leen y se observan en forma rotativa de tal manera que todos lean todas.

8. Finalmente se hace una puesta en común y se comentan algunas experiencias. Se elaboran las conclusiones de la experiencia y se hacen nuevas propuestas.

Resumen

1. Lluvia de ideas sobre cualidades, actitudes, defectos, etc.
2. Se busca un animal para representar cada uno de los aspectos propuestos en la lluvia de ideas.
3. Escogemos a la persona que más se acerque a cada animal.
4. Averiguamos anécdotas de la persona.
5. Escribimos la historia.

Alguien ha llegado
a nuestra clase

Propósito: *despertar el espíritu creador en nuestros alumnos.*

Recursos: *texto de relajación, música de ambientación (contemporánea, paisajística o progresiva). Hojas blancas, lápiz, colores y cinta adhesiva.*

Tiempo: *dos sesiones de 90 minutos.*

Pasos

1. Se enfatiza en la importancia de seguir las instrucciones del taller al pie de la letra, la necesidad de concentración y de dejar volar la imaginación.

2. Se organiza la clase en grupos de cuatro estudiantes.

3. Se distribuye una hoja por estudiante y se pide que cada uno tenga un lápiz disponible para trabajar.

4. Dividimos nuestro cuerpo en cuatro partes así:

- La cabeza.
- El tórax, incluyendo los brazos.
- La cadera.
- Las piernas, incluyendo los pies.

5. Cada integrante del grupo debe escoger una parte del cuerpo para dibujar. El grupo debe ponerse de acuerdo para que ningún integrante repita o escoja la misma parte que otro.

6. Cuando se ha hecho esta selección se pide que dispogan su cuerpo para la relajación: espalda recta, manos en el regazo, ojos cerrados.

7. Se coloca la música de fondo.

8. El maestro inicia la relajación leyendo el siguiente texto:

Estamos sentados, con la espalda recta, las manos descansando sobre nuestro regazo; hombros relajados, ojos cerrados.

Ahora observamos nuestra respiración y nos concentramos en ella; es suave y descansada...

Ésto hace que nuestro cuerpo se vuelva cada vez más liviano, como una pluma. Ahora, nos sentimos suavemente transportados por el viento, subimos, nos elevamos, y el viento nos lleva por entre las nubes.

Vemos el Colegio allá abajo, y vemos la ciudad. Nosotros estamos descansados y nos dejamos llevar.

Nos alejamos de la ciudad... ahora, vemos un valle verde y tranquilo, bajamos poco a poco, sentimos el aroma de los árboles, de la tierra húmeda.

Hay flores amarillas, lilas, rosadas, azules... es un campo hermoso y fresco.

Nosotros flotamos sobre ese campo, observándolo, oliéndolo. Una brisa suave nos acaricia la piel y el viento nos transporta de nuevo, nos elevamos, aún olemos el aroma de las flores... seguimos elevándonos.

Vemos el campo pequeño. Ahora vemos la ciudad de nuevo, nos acercamos a ella, vemos nuestro colegio, nuestro salón, bajamos suavemente a él. Ahora estamos sentados, nos sentimos relajados, tranquilos, sentimos nuestra respiración de nuevo, la observamos.

Cuando sintamos deseos, vamos abriendo los ojos poco a poco... Ahora nos disponemos a trabajar.

Es importante que este texto sea leído o dicho por el maestro en un tono motivante y con sentido, para que pueda surtir el efecto que se busca (relajante y creador).

9.   Ahora tomamos la parte del cuerpo que escogimos.

10. Imaginamos que es de goma y que la tomamos en nuestras manos y comenzamos a jugar con ella: la estiramos, es bastante flexible, la encogemos, la amasamos y le damos formas diferentes. La podemos volver, melcocha, arcilla, chicle, etc.

Divirtámonos dándole las formas que queramos, cuando encontremos una forma que nos guste (sin olvidar qué parte nos correspondió) tomamos el lápiz y la dibujamos. La hoja debe estar en forma horizontal cuando pintemos. No dejemos ver nuestro dibujo de nadie, es un secreto. Divirtámonos también haciendo el dibujo, dejemos volar la imaginación. Ahora coloreémoslo.

11. Cuando todos hayamos terminado el dibujo, reunamos las partes y armemos una sola figura. ¿Qué pasó?

Ahora contestemos las preguntas

- ¿Quién es? (¡pongámosle un nombre!)
- ¿Qué hace?
- ¿De dónde vino?
- ¿Cómo llegó?
- ¿Qué come?
- ¿Cómo nos acercamos a él?

12. Ahora presentémoslo ante los demás compañeros. Por grupos hacemos la presentación.

13. Ahora vamos a escribir una historia en la que estemos involucrados nosotros y él.

14. Intercambiemos historias con los otros grupos.

15. Preguntemos nuestras dudas ortográficas al maestro y solucionémoslas.

16. Entreguemos una copia de nuestra historia al profesor para que nos dé sugerencias sobre estilo y forma narrativa.

17. Recojamos las memorias de la experiencia. Elaboremos en plenaria las conclusiones.

Mi personaje favorito

<table>
<tr><td>Propósito:</td><td>crear un ideal de personaje tomando como recurso elementos de otros.</td></tr>
<tr><td>Recursos:</td><td>datos biográficos.</td></tr>
<tr><td>Tiempo:</td><td>noventa minutos.</td></tr>
</table>

Pasos

1. Se pide con anticipación a los chicos recopilar los siguientes datos: 2 nombres de personajes que nos gusten por su forma de ser, con sus cualidades y defectos que más se destaquen de cada uno. Pueden ser personajes de cuentos, de la vida real o de las series de televisión, dibujos animados, etc. Lo importante es que los conozcamos muy bien.

2. Escribimos en una papeleta las características de cada uno de los personajes. Por ej: Popeye aumenta su fuerza comiendo espinacas y sufre por el amor de Oliva.

3. Las papeletas son recopiladas por el maestro dentro de una bolsa.

4. Luego se organizan grupos de cuatro estudiantes para trabajar.

5. El maestro reparte ocho papeletas al azar a cada grupo.

6. Ahora, utilizando las características anotadas en las papeletas y otra que el grupo quiera agregarle (la cual nos servirá para darle coherencia al personaje), construímos un nuevo personaje y luego le elaboramos su propia historia.

7. Para elaborar la historia se tendrán en cuenta las siguientes preguntas:
    *   ¿Quién es? ¿Cuándo apareció? ¿Cómo y por qué?
    *   ¿Qué hace? ¿Dónde vive?
    *   ¿A qué problemas se enfrenta y cómo los soluciona?
    *   ¿Le quiere la gente? ¿Por qué?
    *   ¿Para qué está entre nosotros?

8. En una próxima sesión se pueden intercambiar las historias con los otros grupos. Luego en plenaria se hacen las observaciones correspondientes.

9. Podemos hacer una variante de este taller, pidiendo a los alumnos que se coloquen en el lugar de su personaje favorito, utilizando la frase: Si yo fuera...

10. Para esta variante, el maestro debe hacer una papeleta para cada estudiante, la cual contendrá una situación descrita, y a la cual se debería enfrentar el alumno si fuera ese personaje.

11. Se elaboran las conclusiones del trabajo y se escriben las memorias.

Resumen

1. Recopilación de nombres de personajes fantásticos.
2. Elaboración de papeletas con los nombres y las características.
3. Se reparten ocho papeletas al azar.
4. Construimos un nuevo personaje.
5. Elaboramos una historia fantástica sobre ese nuevo personaje.
6. Intercambiamos historias.
7. Hacemos observaciones.
8. Re-escribimos.

Los
oficios

Propósito:	*buscar un acercamiento con la reali-dad.*
Recursos:	*grabadora, libreta de apuntes.*
Tiempo:	*3 sesiones de 45, 90 y 90 minutos.*

asos

1. En un ejercicio de lluvia de ideas se pide a los estudiantes nombrar distintos oficios, ojalá cercanos a ellos o a su entorno

2. Se intenta describir cada uno de ellos.

3. Cada alumno selecciona un oficio para investigar más a fondo sobre él.

4. Cada estudiante debe diseñar una entrevista, para hacerla a una persona que desempeñe dicho oficio. El maestro orientará sobre la construcción de las preguntas, de acuerdo al estrato social o cultura de la persona a entrevistar.

5. Los aspectos que se deben tener para la entrevista son:
    * Descripción del oficio.
    * Qué instrumentos o herramientas se utilizan.
    * Gustos gastronómicos.
    * Gustos musicales.
    * Gustos en la forma de vestir.
    * Gustos en la diversión.
    * Narración de una anécdota que le haya ocurrido mientras desempeña el oficio.
    * Palabras que sólo se usan en ese oficio.

Es muy importante que se dé el tiempo prudencial para que los alumnos recopilen en forma veraz la información, antes de organizar la segunda sesión.

Para la segunda sesión los alumnos deben llevar, cartulina, marcadores, colores, recortes y todo lo necesario para dar a conocer en una ronda general y por medio de carteleras los detalles del oficio escogido.

* Se hace exposición de trabajos. Van rotando, por grupos de cuatro ante cada trabajo en forma organizada.
* En la tercera sesión se organiza un trabajo creativo, basado en el disparador *Si yo fuera...*
* En esta historia el alumno debe plasmar toda la experiencia del oficio adquirida a través de su entrevista.
* Se hace un intercambio de las historias y finalmente se escogen en forma voluntaria algunos para ser leídos en voz alta.
* Se elaboran las conclusiones del taller.

Cuento colectivo

Propósito: desarrollar la fluidez verbal y la capacidad de escucha y de concentración.

Recursos: grabadora, disparadores creativos.

Tiempo: cuarenta y cinco minutos.

asos

1. Se realiza un pequeño ejercicio de relajación y de concentración.

    Nos sentamos lo más relajados posibles, las manos en el regazo, los ojos cerrados, respiramos profundamente, tratamos de oír el máximo de ruidos del exterior, distinguimos uno de otro, escogemos uno y ahora sólo nos vamos a concentrar en él, eliminando poco a poco los otros. Ahora, muy despacio vamos concentrándonos sólo en nuestra respiración y poco a poco vamos abriendo los ojos, seguimos relajados, descansados.

El maestro desde luego, puede buscar uno de su propia cosecha, para que la orientación sea menos dificultosa.

2. El orientador, da la indicación de mantenerse concentrados, y explicará en qué consiste el ejercicio. Se trata de crear historias a partir de una frase dada. Un alumno comienza la historia a partir de la frase que el orientador dé, luego en determinado momento el maestro u orientador da una señal para que otro alumno continúe la historia. El alumno no debe demorarse en continuarla, pues si se demora la historia muere y entonces se dará otra frase y comenzará otra historia.

En muchas ocasiones hemos hecho este trabajo con los chicos, y al principio suele ser difícil concentrarse, pero a medida que la motivación crece, se entusiasman y terminan presionando a quienes por desconcentrarse hacen morir la historia. Finalmente hemos logrado que todos participen en la construcción de una misma historia sin interrupción terminándola con un grito de júbilo.

3. Mientras se realiza el ejercicio, debe estarse grabando, para posteriormente volverlo a escuchar.
4. Los disparadores deben ser un acicate para la imaginación. He aquí algunos ejemplos. Aunque estamos seguros que saldrán cada vez mejores (podemos recurrir, incluso a frases de historias conocidas).
El gato de mi vecino tenía la cola de plata...
La hierba estaba húmeda y la cigüeña no quería mojar sus largas patas...

Érase un pajarito que tenía el pico largo, laaargooooo...

Había una vez una pelota de goma que estaba enamorada...

5. Cuando se ha logrado construír una historia coherente, pasamos a escuchar el casete de nuevo, parando cada tanto y dando alternativas de construcción. De esta manera obtendremos una historia con la cual todos estemos a gusto.

6. Esta historia debe ser contada por cada chico a alguien de su familia, mientras él observa los gestos y signos que produce en su interlocutor.

7. A cambio, el alumno debe pedir a quien le escuchó, le cuente una historia de su repertorio. De nuevo él observará sus gestos y movimientos. Ahora comparará cuándo se es más activo: ¿cuándo se habla? o ¿cuándo se escucha?

8. Se debe dedicar una nueva sesión para recoger las experiencias y las conclusiones del taller.

Taller de lectura auditiva

Este taller ha sido realizado con alumnos de diferentes edades, aunque en el caso de los más pequeñitos hemos optado por la narración oral.

Propósito: desarrollar la imaginación, permitiendo la creación de imágenes y situaciones a partir de una voz exterior. Incrementar el amor por la lectura.

Recursos: libro de lectura apropiado a la edad de los chicos. Es fundamental que la lectura sea rica en imágenes (escogimos para alumnos de 5o y 6o grado lecturas como "Dalia y Zazir" y "Los Amigos del Hombre" de los escritores colombianos Jairo Aníbal Niño y Celso Román).

Tiempo: cuarenta y cinco minutos.

 asos

1. Leemos durante aproximadamente 10 ó 15 minutos un texto a los estudiantes (se puede escoger una hora a la semana para realizar este taller, ya que a medida que se repite se va adquiriendo mayor agilidad de captación).

2. Ahora, hacemos preguntas sobre el texto, tratando de seguir dando espuela a la imaginación. Tomemos como ejemplo un párrafo de Dalia y Zazir.

   La noche era muy oscura. La luna tenía la cara pálida y un viento de uñas de hielo pellizcaba la piel del caballito blanco. (Pág. l9. Dalia y Zazir. Niño, Jairo Aníbal. Valencia editores).

Preguntas

- ¿Cuándo realmente la noche es oscura?
- ¿De qué otra forma pueden ser las noches? ¿Cuál te gusta más?
- ¿Le haz visto alguna vez la cara a la luna? ¿cómo es?
- ¿Qué formas tiene la luna vista desde la tierra?
- ¿Te ha pellizcado alguna vez el viento?
- ¿Cómo te imaginas las uñas del viento?
- ¿Con qué color representarías tú ese viento?
- ¿Cómo es la piel de los caballos?
- ¿De qué color son los caballos?
- ¿Qué nombre le pondrías al caballito de la historia?

3. Ahora pedimos hacer un dibujo, ilustrando el párrafo leído. Hay que colorearlo.

4. Colocamos en la parte inferior del dibujo un mensaje de nosotros para el caballito.
5. Lo regalamos a un compañerito para que adorne su cuaderno de Español.

NOTA: Este ejercicio de lectura debe realizarse profundizando cada vez en las preguntas y exigiendo en las respuestas.
Puede solicitarse el escribir versiones particulares de las lecturas, trabajando en grupo o en forma individual.

Loor a lo cotidiano

Este taller nos ayudará a encontrar con nuestros alumnos el sendero hacia lo poético y lo maravilloso. Por eso este taller puede servir de preámbulo al estudio de las figuras literarias o al análisis poético. Pero fundamentalmente puede abrir la puerta hacia el mundo de la poesía como vivencia.

Propósito: enriquecer el vocabulario con palabras poco usuales en el lenguaje cotidiano.

Recursos: diccionario de antónimos y sinónimos. Diccionario español.

Tiempo: noventa minutos.

asos

1. Cada alumno pensará en una palabra que sea agradable para él, pero que corresponda al nombre de un objeto o alimento muy cercano o cotidiano. (Por ej. pantalón, llave, leche, muñeco, pan, etc.).

2. Vamos a buscarle los usos cotidianos a ese objeto.

3. Ahora démosle nuevos usos: por ejemplo, ¿un clavo para que nos serviría? para clavar, para escribir sobre madera, para hacer huecos en las hojas, para pinchar al vecino cuando se me recuesta mucho, para enderezar la rama a un bonsai, como amuleto, etc.

4. Ahora escogeremos cualidades que lo embellezcan y lo describan diciendo cuánto nos agrada.

5. Ahora vamos a buscar otras cosas a las cuales se parezca. Por ejemplo la leche se parece a la nieve, a las nubes, a una paloma, etc.

6. Buscamos otras cosas con las cuales se les puede comparar.
(Por ejemplo la leche se puede comparar con un manjar celestial, con la sangre que corre por el cuerpo, con una niña pálida y vestida de blanco, etc).

7. Ahora cerramos los ojos y hacemos imágenes y jugamos con ellas. Imágenes que correspondan a lo que hemos hecho anteriormente. Damos vida a los objetos, conversamos con ellos, convertimos una cosa en otra, etc. El maestro puede orientar la visualización proponiendo imágenes y roles.

8. Ahora tomamos papel y lápiz y escribimos las impresiones e imágenes que obtuvimos.

9. Ahora cada uno escribirá un poema, utilizando todos los datos obtenidos anteriormente, pero buscará no

utilizar frases corrientes, ni lenguaje cotidiano. Recurrirá siempre a la comparación y al uso de sinónimos e imágenes significativas, construidas en su mente durante la visualización.

En el poema debe quedar claro su amor, gusto y admiración hacia el objeto.

En una sesión posterior se trabajan los poemas nuevamente mediante una puesta en común.

10. Se orienta el análisis del trabajo, se sacan las conclusiones del taller, y se hacen nuevas propuestas.

Resumen

1. Escogemos nombres de objetos cotidianos.
2. Buscamos usos comunes de ese objeto.
3. Buscamos usos extraños o fuera de lo común.
4. Buscamos otras cosas con las cuales se parece.
5. Hacemos comparaciones.
6. Cerramos los ojos y hacemos imágenes lúdico-creativas. Escribimos un párrafo describiendo lo que vimos.
7. Hacemos un dibujo ilustrándolo.
8. Escribimos el poema, utilizando comparaciones y metáforas.

El
creador

Propósito: *encontrarle sentido a la categorización de las palabras, y reflexionar a cerca de la verdadera comunicación.*

Recursos: *un paisaje que represente la forma de vida primitiva, en el hombre: comida, quehaceres, vivienda, etc.*

Tiempo: *sesión de 90 minutos.*

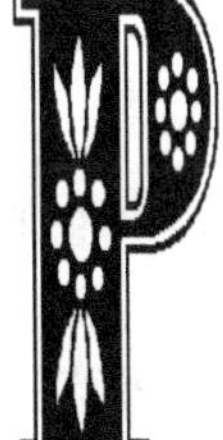

Pasos

1. Establecemos una charla acerca del paisaje y la situación que representa.
2. Recordamos, con los alumnos, lo que hemos aprendido acerca de la vida primitiva del hombre, su vestido, su comida, su quehacer, su forma de comunicarse con sus semejantes.
3. Ahora, imaginamos que nosotros estamos allí, dentro de ese paisaje, y queremos colocarle nombre a todas las cosas que nos rodean. ¿Cómo lo hacemos?

Podemos intentar asociar sonidos, en un juego imaginativo y divertido. Por ejemplo la palabra *piedra* seguramente se formó de dos asociaciones *pie* y *dra*, debido a que cuando una roca caía sobre un pie el sonido emitido por el hombre adolorido era seguramente ¡draaaaaaaaaa! Podemos asociar onomatopéyicamente, por ejemplo el sonido *¡pum!* para indicar golpe. Podemos, también asociar con sentimientos: *¡Muuuuuuuu... her!* (Exclamación del hombre al ver la belleza de su compañera). Lo importante en este juego es el despertar de la imaginación, de lo lúdico y lo ingenioso para nombrar.

4. Ahora que tenemos los nombres de las cosas, vamos a darles cualidades, según la forma, el tamaño, el color, la textura, los sentimientos, actitudes, etc.

5. Ahora, vamos a intentar describir una situación. Por ejemplo:

- ¿Cómo le comunicarías a tu compañero que la mujer que fue por agua al río fue atrapada por una gran roca?

Muy seguramente utilizarás gran cantidad de gestos para decirlo y el nombre de las cosas, acompañado de su cualidad.

Intentemos describir varias situaciones como la anterior:

- Un elefante se acerca a la puerta de la cueva y tú tienes que contarlo a quienes están dentro.

- Tu compañero de cacería se quedó atrapado en las ramas de un árbol.

- Un gran oso fue aplastado por una roca.

- Quieres invitar a unos amigos a tu cueva para que participen de la caza que obtuviste.

Estamos seguras de que tu imaginación es muy rica y extraordinaria, así que no pierdas la oportunidad para divertirte.

6. Reemplaza, ahora, los gestos que utilizaste para describir las acciones por palabras. ¿Cómo es tu comunicación ahora?

7. Reflexionemos: ¿Nuestro lenguaje es más rico sin gestos o con gestos?

8. ¿Nos comunicamos realmente con nuestros semejantes utilizando todo nuestro cuerpo?

9. Intentemos comunicar una idea utilizando todo nuestro cuerpo, incluyendo la palabra.

NOTA: Si el maestro desea, puede incluir la teorización correspondiente a las categorías gramaticales, pero sólo después de la experiencia práctica.

El gran derby

Propósito: *practicar la construcción de párrafos coherentes en corto tiempo.*
Tiempo: *sesiones de 45 minutos.*
Recursos: *papel, lápiz.*

Pasos

1. Se pide a los estudiantes tener papel y lápiz listos para comenzar.
2. El maestro da las instrucciones sobre el escrito que se va a hacer:
   - Debe ser coherente.
   - El tema es libre.
   - Hay que escribir el mayor número de palabras en 30 minutos.
   - Al culminar los 30 minutos debemos contar el número de palabras y escribimos el puntaje al finalizar el texto.

3. El maestro da la orden de comenzar a escribir y contabilizará el tiempo.

4. Terminado el tiempo se establecerán los puntajes y se planteará que en posteriores sesiones éstos deben ser superados en forma individual y colectiva.

5. Se pide a los alumnos decir las palabras de las cuales duden por su ortografía. El maestro las escribe en el tablero correctamente y ellos las corrigen en su escrito (también podemos corregirlas entre todos y con ayuda del diccionario).

    Si son niños muy pequeños, el maestro debe sugerir que a medida que vayan construyendo el texto y cuando se encuentren con una palabra de difícil escritura la digan, para que él la escriba en el tablero. Ésto quitará el temor a los niños por escribir palabras que ellos sólo han oído pero que nunca han escrito.

6. Este derby debe realizarse por lo menos cada 15 días y cada cinco sesiones se deben poner nuevas reglas, establecidas por la plenaria, con respecto a la calidad del texto: coherencia, el tema, letra legible, sin errores de ortografía, etc. Lo importante es que estas pautas no se vuelvan un obstáculo para el escribir.

7. En las últimas sesiones ya se puede pedir a los estudiantes escribir sobre un tema preciso, sin interrupción. Si se les agotan las ideas deben hacer la última frase hasta que se les ocurran nuevas ideas.

    Preferiblemente se deben dar temas de carácter general y no solamente literarios, pues ésto les permitirá ir descubriendo la necesidad de tener algunas bases de conocimientos cuando se escriban textos de carácter científico, informativo o experiencial.

8. Después de un buen número de sesiones, el derby puede establecer el número de renglones o palabras a utilizar en el desarrollo de un tema. Ésto permitirá darle al alumno la oportunidad de ser más preciso en lo que escribe.

Imitar la realidad

Propósito: *buscar ser mas observadores y recreadores de la realidad.*
Tiempo: *sesión de 90 minutos.*
Recursos: *observaciones previas y dirigidas.*

asos

1.   Se hace una ambientación previa al trabajo que permita la concentración y adaptación del grupo. Se hacen juegos cortos como *la lleva, congelados,* etc. Luego se hace un proceso de relajación, recorriendo cada uno de los músculos del cuerpo y relajándolos concientemente.

2.   Cada uno de los integrantes busca su propio espacio, teniendo en cuenta que no vaya a chocar o a interferir en los movimientos del otro.

3.   Utilizando nuestro cuerpo vamos a simular las siguientes situaciones:

- Mientras hacemos fila una persona corpulenta nos da un pisotón.
- Parados en la esquina de una calle peligrosa somos abordados por un "desechable".
- Sentados sobre el prado de un parque, somos sorprendidos por un perrito demasiado cariñoso.
- En nuestra casa, tratamos de ocultar un objeto demasiado vistoso, de la mirada de nuestros padres.
- La chica o chico de nuestros sueños está pasando frente a nosotros, pero nosotros estamos mal "arreglados".

4. Después del trabajo en solitario trabajamos en parejas, representando cada uno de los personajes de la propuesta.

5. En forma voluntaria varias parejas representan, para sus compañeros, las situaciones.

6. En plenaria se habla de la experiencia y se sacan conclusiones.

NOTA: Es importante el seguimiento en la orientación de cada ejercicio por parte del maestro, además de la exigencia. La naturalidad debe ser el factor predominante en este taller.

Resumen

1. Realización de una ambientación.
2. Se busca un espacio sin interferencia.
3. Simulamos situaciones reales, realizando los movimientos y gestos indispensables.
4. Por parejas trabajamos una propuesta.
5. Socializamos las propuestas.

Un suceso
real

Propósito: *buscar y encontrar un método de recolección de información.*
Tiempo: *dos sesiones de 90 minutos con intermedio de quince días.*
Recursos: *noticias de periódicos, T.V. radio, etc.*

asos

1. Se pide a los alumnos escoger entre las muchas noticias de sucesos diarios, una que sea de interés personal mayor.
2. Ya en el aula se hace un primer encuentro de noticias. En grupos de cuatro estudiantes, se socializan las noticias traidas y se organiza un mininoticiero, improvisado. Se dará a continuación un tiempo de cinco minutos por grupo para que se haga la presentación de los noticieros.

3. Se seleccionan, de esa puesta en común, un total de tres noticias (por votación y teniendo en cuenta que despierten el interés general).

4. Se solicita a los chicos seguirle la pista a estas noticias durante los quince días siguientes. Además, por grupos deben ir construyendo una noticia paralela, con su propia versión de los hechos. Esta segunda noticia debe estar llena de imaginación e ingenio y no importa que, incluso, contraríe la versión original.

5. Se les pide ir registrando en una planilla, cada nueva que conozcan sobre el suceso, registrando a su vez la forma como obtuvieron la información. Se irá motivando para que los grupos registren la mayor cantidad de noticias sobre el suceso.

6. En la segunda sesión, los chicos deben presentar las dos noticias (la real y la imaginaria) dentro de una nueva sesión de noticieros (cada grupo tendrá 5 minutos).

7. En plenaria se sacan las conclusiones de la experiencia.

Resumen

1. Se escoge una noticia de interés general o mayor interés personal, por alumno.

2. Se socializan las noticias en plenaria.

3. Se seleccionan 3 noticias teniendo en cuenta que despierten el interés general.

4. Se les sigue la pista durante 15 días.

5. Se va construyendo una noticia paralela pero imaginaria.

6. Se registra en una planilla los avances del suceso.

7. Se presentan en público, simulando un noticiero, las dos noticias: la real y la fantástica.

Taller de calentamiento previo al ejercicio teatral

Propósito:	*disponer nuestro cuerpo para el trabajo teatral.*
Recursos:	*conocimiento físico de nuestro cuerpo.*
Tiempo:	*treinta minutos.*

asos

1. El calentamiento o disposición de nuestro cuerpo para el trabajo teatral es fundamental, ya que no solo lo dispone física, sino mentalmente para los posteriores ejercicios.
2. A veces bastan algunos juegos infantiles como rondas o competencias de la tradición popular para lograr este grado de calentamiento, sin embargo cuando los ejercicios van orientados, permiten ir disciplinando el grupo de trabajo a la vez que facilitan la profundización en el conocimiento de sí mismo.

3. Es aconsejable realizar cada uno de los ejercicios en el orden e intensidad que se presentan.

4. Empezamos con movimientos de rotación de nuestra cabeza. La dejamos caer suavemente hacia adelante y luego la dejamos ir de izquierda a derecha como si fuera un péndulo. Nuestros ojos deben permanecer abiertos durante todo el ejercicio. Mientras recordamos los músculos del cuello que en ese instante están en movimiento y nuestras vértebras cervicales.

5. Llevamos nuestra cabeza hacia los hombros como si trataramos de tocar éstos con nuestras orejas. Primero al lado izquierdo, varias veces, y luego hacia el derecho.

6. Volvemos a rotar nuestra cabeza dejándola ir como péndulo de izquierda a derecha.

7. Subimos y bajamos nuestros hombros, permitiendo que se ejerciten los músculos responsables de su movimiento, luego los rotamos en círculo hacia adelante y hacia atrás varias veces.

8. Continuamos esta rotación a nuestros brazos, extendidos y relajados a lo largo del cuerpo, los hacemos ahora rotar en círculos hacia adelante y hacia atrás permitiendo que la fuerza de este movimiento se lleve nuestro cuerpo.

9. Ahora con los brazos extendidos hacia los lados, formando línea horizontal, hacemos la misma rotación en círculo hacia adelante y hacia atrás.

10. Ahora vamos hacia nuestro tórax, el cual llevaremos hacia la izquierda y hacia la derecha, haciendo un movimiento de cintura y finalmente lo rotamos haciendo un círculo de izquierda a derecha y de derecha a izquierda.

11. Es fundamental recalcar de nuevo, la importancia de ir haciendo conciencia sobre los músculos que estoy haciendo trabajar en cada uno de los ejercicios.

12. Ahora rotaremos la cadera en círculos de izquierda a derecha, mientras el resto del cuerpo se mantiene derecho y relajado. Para

la efectividad de este ejecicio es necesario doblar un poquito las rodillas.

13. Ahora dejamos ir la pierna izquierda hacia adelante y hacia atrás en péndulo accionando la articulación de fémur y pelvis. La pierna debe estar relajada y la debemos impulsar como si fuéramos a patear algo delante y arriba de nosotros. Luego hacemos lo mismo con la otra pierna.

14. Ahora trabajamos las rodillas con una suave rotación de izquierda a derecha y de derecha a izquierda.

15. Finalmente rotamos los tobillos en movimientos suaves y seguros.

16. Tensionando todos los músculos alargamos nuestro cuerpo como si fuésemos a alcanzar el techo (debemos estar conscientes de que todos nuestros músculos están tensionados) y luego relajamos todo nuestro cuerpo y lo dejamos caer. Hacemos este ejercicio varias veces.

17. Ahora nuestro cuerpo y nuestra mente están dispuestos para trabajar.

NOTA: Este calentamiento tiene validez si mediante la observación y la práctica se va haciendo propio e individual, producto de una observación continua y consciente.

Cómo elaborar un libro

<table>
<tr><td>Propósito:</td><td>aprender, en la práctica, cuáles son las partes que componen un libro.</td></tr>
<tr><td>Recursos:</td><td>la biblioteca y la hemeroteca son los dos recursos fundamentales de este trabajo.</td></tr>
<tr><td>Tiempo:</td><td>este trabajo se debe desarrollar a lo largo de todo el año, con sesiones de 45 minutos y dentro del horario asignado a la clase de español. Se deben dar los intervalos necesarios para que los estudiantes hagan las investigaciones necesarias. El trabajo puede orientarse en todos los grados de la básica secundaria, obviamente el maestro, quien es en últimas quien conoce a sus pupilos, escogerá el grado de dificultad para cada grado. Los pasos y puntos que aquí incluímos han sido elaborados por alumnos de séptimo a undécimo grado.</td></tr>
</table>

asos

1. Se hace una investigación previa de las partes que conforman un libro, a manera de introducción al trabajo.
2. En plenaria se socializa este conocimiento, complementando y aportando.
3. Se define el plan de trabajo (en el caso de los alumnos de grados inferiores se aprovecha este trabajo para la práctica de la escritura y de la ortografía. Por eso los puntos que presentamos a continuación como pasos en la elaboración del libro toman en cuenta este aspecto).

    • La obra es una autobiografía y está dirigida al conocimiento de sí mismo.

    • El libro constará de dos partes: una primera parte será completamente informativa y la segunda será completamente creativa.

    • El trabajo tendrá una parte de investigación la cual se hará extraclase y una parte de escritura propiamente dicha, la cual se hará en clase.

    • Es necesario elaborar, antes que todo, unas hojas que nos sirvan como pauta de la escritura, ya que el trabajo va a ser elaborado completamente a mano. (Si existe la clase de computación o de mecanografía este parámetro se tiene que cambiar). Las hojas pauta deben ser elaboradas de acuerdo a las normas ICONTEC y se le deben trazar renglones, estas hojas se colocarán siempre debajo de la hoja en donde se va a trabajar.

    • Los aspectos a investigar serán los siguientes:

Primera parte

Capítulo uno. ¿Quién soy?

- Consignamos en una primera página nuestros datos personales y en una segunda nuestro árbol genealógico.
- El día, el mes y el año en que yo nací: Averiguaremos los sucesos sociales, políticos, científicos y económicos que ocurrieron en estas fechas, consultando en la hemeroteca, en periódicos y revistas de la época, almanaque mundial y libros que registren sucesos del momento. Escogemos los más relevantes para consignarlos en nuestro libro.
- Historia de mi vida hasta ahora. Aquí pedimos ayuda a nuestros padres y allegados para que nos ayuden a recordar, además debemos realizar los talleres de *la semilla crece* y *mi fruta preferida* para complementar los datos.

Capítulo dos. Mis preferencias

- *Mi receta favorita*
  Escribimos al detalle la preparación de nuestro plato favorito. Para ésto podemos consultar a nuestra mamá o a la persona que nos la prepara, si nosotros no sabemos hacerla. También podemos preparar una muestra y presentarla a nuestros compañeros. Ese día será la fiesta para compartir lo que nos gusta.
- *Mi música favorita*
  Investigo, con la orientación de mi maestro de música, el origen, la historia y los representantes más sobresalientes de la música que me gusta.
- *Mi deporte favorito*
  Investigo igualmente, los datos correspondientes a mi deporte preferido, para ésto pido asesoría a mi maestro de deportes.
- *Mi cuento favorito*

Escribo mi cuento favorito y lo ilustro.
- *Mi libro favorito*

Hago un resumen ilustrativo del libro que más me ha gustado.
- *Mi escritor favorito*

Escribo la biografía y por qué es mi preferido.
- *Mi mascota*

Describo y pinto y coloco una fotografía de mi mascota. Hago una investigación sobre la especie, raza, costumbres, hábitos, enfermedades y cómo prevenirlas. Consulto en veterinarias, sociedad protectora de animales y libros especializados.
- *Mi flor favorita*

Hago la misma investigación y consigno los mismos datos, que en el punto anterior. Pido asesoría a mis maestros de biología y ecología.
- *Mi color favorito.*

Con la asesoría del maestro de artes, hago la investigación correspondiente a mi color: Composición, escala de color, comportamiento con los diferentes materiales y texturas.
- *Mi afición (hobby).*

Hago una descripción detallada de mi afición.
- *Mi forma de vestir.*

Describo y dibujo, ilustrando mi forma de vestir preferida.

Capítulo tres. Mis sueños

- ¿Cuál es mi sueño frustrado?
- Lo que me gustaría hacer cuando termine de estudiar.

Según el oficio, arte o profesión que haya escogido, debo hacer una investigación sobre:
- Los pre-requisitos para ingresar a su aprendizaje.
- Las áreas de estudio necesarias.
- Cuánto tiempo de estudio.

- Cómo se desempeña una persona en este campo y con cuáles otros artes, oficios o profesiones se relaciona.
  ¡Aquí terminamos la primera parte del libro!

Segunda parte. Mi creatividad

- Versión fantástica de mi primer año de vida.
  Apoyándome en la versión real, voy introduciendo elementos fantásticos extraídos de tradiciones populares como: La cigüeña que me trajo... Llegué en una nave... Los periódicos registraron la noticia de mi nacimiento como un acontecimiento premonitorio, etc.
- Versión libre de la historia de un adolescente empeñado en crecer.
  Casi todos, cuando somos adolescentes, tenemos enfrentamientos o desavenencias con nuestros mayores, y también nos molestan los niños. Nuestros deseos y sueños son difíciles de cumplir aparentemente. Busquemos fórmulas fantásticas y fórmulas mágicas que nos solucionen estos problemas y otros que se nos puedan presentar. Llamamos a un hada, a una bruja o a un mago, para que los haga desaparecer, los vuelva dóciles a nuestra voluntad, los transporte lejos de nosotros. Nos podemos encontrar una botella, una poción o cualquier otro objeto mágico que nos obedezca. Escribamos una historia con todos estos elementos.
- La receta fantástica.
  Como ya aprendimos cómo se hace una receta y cómo se miden los ingredientes, pizca, cucharada, cucharadita, gramos, litros, etc.).
  Vamos a hacer nuestra propia receta, pero para aliviar espiritualmente la vida cotidiana de los hombres:
  Receta para aumentar la alegría.
  Receta para eliminar el odio.
  Receta para los malgeniados, etc.

NOTA: en nuestro anexo escribiremos algunos de los trabajos hechos por los alumnos en nuestros talleres.

- Un extraño en el jardín.

  Uniendo las características de la flor y de la mascota, construimos un ser viviente extraño al cual invitaremos a vivir en el jardín de nuestra casa, ocurrirán sucesos nada comunes como ruidos extraños, desapariciones, etc. Ésta será la base para construir una historia llena de imaginación y fantasía.

- Mis mejores creaciones.

  Aquí consignaré las creaciones hechas durante el año: cuentos, poesías, coplas, descripciones, dibujos, graffitis, pensamientos, etc.

- ¿Qué piensan mis compañeros de mí?

  Mediante una dinámica ágil en donde nos colocamos todos en círculo y vamos rotando una hoja con nuestro nombre, recolectaremos frases, pensamientos y recuerdos escritos de nuestros compañeros de clase, de su puño y letra y autografiados.

NOTA: La última parte de elaboración del libro será obviamente la armada y diseño, para lo cual se pide colaboración a los maestros de arte. Se puede sugerir para la carátula una auto-caricatura o una foto familiar, y en la contracarátula debe ir la autobiografía del autor, o una biografía escrita por un amigo o familiar.

Este trabajo lo llevamos a cabo con alumnos de séptimo grado y tuvo tanto éxito que muchos de ellos manifestaron que era un recuerdo maravilloso para conservar.

El país que yo soñé

Propósito: *acercarnos más a la dinámica política, económica y social de un país.*

Recursos: *libros de consulta, biblioteca, mapas, profesores de sociales.*

Tiempo: *todo el año lectivo con sesiones de 45 minutos.*

Pasos

1. Hacemos parejas para investigar: ubicación geográfica, límites, extensión, división política, hidrografía, relieve, número de habitantes, principales ciudades, economía (importaciones, exportaciones, PIB, recursos, industrias, forma de gobierno de nuestro país, educación, composición étnica), datos actualizados.

2. En plenaria analizamos los datos y vemos lo negativo y positivo en cada aspecto.

3.   Basados en los datos obtenidos vamos a construir nuestro propio país.

4.   Como se trata de un juego literario, todos los elementos serán imaginarios, pero guardando una relación con lo existente en la realidad.

Ejemplo:

Yo puedo construír el país del *pan.*

Ubicación geográfica: Limita por el norte con los bizcochos, por el oriente con las mantecadas, por el sur con el masato y las galletas y por el occidente con los merengues y la crema batida. Es importante levantar un mapa por aspecto.

Extensión: 45.000 Kilómetros.

Industrias: Molineras, panaderías, almacenes, ingenios azucareros, salineras, fábricas de levadura, de bicarbonato de sodio, de tinturas vegetales, etc.

Recursos: Agrícolas: cultivo de maíz, trigo, cebada, centeno, nueces, uvas, ciruelas, frutas en general, caña de azúcar, remolacha, guayaba, soya. Cuidado de animales lecheros como la vaca, la cabra, etc.

Minería: Minas de sal. Carbón mineral, hidroeléctricas.

Número de habitantes: 60.000.000.

Ciudades principales: Puerto Mestizo, su capital. Masa Blanda, Minicotudos, Ciudad Integral.

Forma de gobierno: Comunitario.

Etnia: existen varias razas, todas consideradas de importancia para el desarrollo del país: mogollas, roscones, croissant, calados, tostadas, pan mantequilla, pan resobado, pan coco, cotudos, danesas, pan integral. *Podemos describir y ubicar sus regiones de predominancia, su forma de vida, sus costumbres, su folclor, etc.* Ésto es sólo una pequeña muestra de lo que podemos construir, muy seguramente ustedes harán maravillas con este taller.

He aquí algunas propuestas de países imaginarios:

El país de los sueños, el país de los dulces, el país de los animales, el país de los quesos, el país de las frutas, el país de los zapatos, el país de los vestidos, el país de los objetos, el país de los libros, el país de los colores, el país de las piedras, etc.

Equivocar historias

Propósito: utilizar la lectura como fuente inspi-
radora de nuevas historias.

Recursos: cuentos y leyendas de la literatura
universal.

Tiempo: sesión de 90 minutos.

 asos

1.   Previamente se solicita a los estudiantes traer un cuento o leyenda para leer e intercambiar por parejas.
2.   Se hace la lectura e intercambio de textos.
3.   Se hace rotación de parejas unas cuatro veces, para
intercambiar las historias, ya contadas.
4.   En la última rotación se pide a la pareja intercambiar los personajes de sus historias. Se cambian los
personajes de una historia a la otra y se empieza el
juego imaginativo de lo que puede suceder cuando
un personaje se equivoca de historia.

(¿Recuerdan el *Gato con botas* de Jairo Aníbal niño?) ¿Han pensado alguna vez qué haría Pulgarcito metido en la historia de Blanca Nieves y los Siete Enanitos? Puede ser emocionante.

5. Primero el trabajo se hace individual, pero luego al intercambiarlo y complementarlo se convierte en colectivo.

6. No es necesario cambiar de historia a todos los personajes, puede ser solamente su protagonista quien tenga que vérselas con los personajes de la otra historia.

7. Se leen en plenaria algunos trabajos y se aporta en grupo.

8. Se elaboran las conclusiones de la experiencia.

2. En plenaria analizamos los datos y vemos lo negativo y positivo en cada aspecto.

Leer para soñar

Propósito: *recrearnos con la lectura y hacerla nuestra.*

Recursos: *una lectura de nuestro agrado. Música ambientadora.*

Tiempo: *sesión de 90 minutos.*

asos

1. ¿Has pensado alguna vez en viajar a través de una historia? Pues eso es lo que vamos a hacer.
2. La lectura es mental y necesita concentración.
3. Lo único que necesitamos es silencio, relajarnos y soñar.
4. Empecemos a leer pensando que vamos a encontrarnos con unos personajes, espacios y tiempos maravillosos. Cada vez que encontremos un lugar recreémoslo con nuestra imaginación, colocando colores, olores, sonidos, etc., y cuando nos encontremos

con un personaje imaginémoslo frente a nosotros, conversemos con él y caminemos juntos.

5. Intentemos vivir sus aventuras.
6. Cuando terminemos la lectura, compartamos con nuestro compañero de puesto nuestra experiencia.
7. Luego, hagamos un dibujo y expongámoslo en plenaria para compartir nuestro viaje.
8. Elaboremos las conclusiones de la experiencia.

Muestra de trabajos realizados por los alumnos durante los talleres

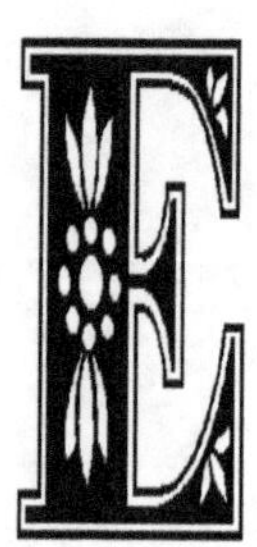 l valle dorado

Cuento colectivo con disparador creativo

El búho entregó las llaves del valle al pingüino de colores oscuros para que éste sacara a todos los animales, para que conocieran la selva que era muy distinta al valle donde ellos vivían.

El pingüino les dijo: —El valle se cierra dentro de una hora, por si no llegamos a tiempo sacaré la llave dorada. Al oír ésto los animales se dispersaron por la selva.

Ya había pasado la hora y el pingüino muy preocupado, dijo:

—¡Se me ha perdido la llave!

Todos oyeron, menos la tortuguita, quien se había encontrado las llaves, pero estaba entretenida viendo crecer una pequeña planta.

Todos se pusieron a buscar las llaves, hasta que después de muchos días llegó la tortuguita, como se demora tanto para andar, y todos le dijeron: abra pronto la puerta que el búho nos va a regañar. Ella abrió y el pingüino guardó muy bien las llaves para que no se le volvieran a perder.

Historia, recopilada y re- escrita por: Julio Emmanuel Fino.Sexto grado.

Caperucita la sabionda

(Flash situacional)

Primero quiero dejar claro que yo nací en el campo, en un sitio que hace mucho frío, por eso todo el mundo usa ruana. Los mayores, ruana con un hueco en el centro y los chicos, ruana con capota. Para que no se resfríen, dicen las abuelas.

Pues bien, en la casa vecina a la mía vivía doña Bertha, la mamá de Dorita. Dorita usaba ruana con capota como todos los niños, pero un día se escapó a comer moras en el monte y se manchó su blanca ruana que para siempre le quedó de color rojo. Y desde entonces la llamaron Caperucita Roja.

Resulta que un domingo por la tarde, creo, Dorita tuvo que llevarle a la abuelita una torta, para festejarla. La abuelita vivía al otro lado de la montaña, El Gavilán y como allí hay mucha selva todavía, entonces hay muchos animales salvajes, así que la mamá le dijo: corre Dorita a llevarle la torta a mi mamá, pero no te demores, porque de pronto te coge el apagón y por allí es muy peligroso —En ese entonces también había racionamiento—, ¡claro; hasta en el alumbrado rural!

¡Pero Dorita no hizo caso y se demoró y pum! se fue la luz. Au-hhh... auuuhh escuchó Dorita, ¿quién será? y empezó a caminar rapidito, muy rapidito, pero como sus piernas eran cortitas, el lobo la alcanzó.

— ¿Para dónde vas con esa linda canastica? le dijo el lobo.

—A llevársela a mi abuela.

—Yo te acompaño.

—No, no, me gusta la soledad.

El lobo se relamía y se relamía. ¡Con el hambre que tenía!
Pero Caperucita tenía miedo de incumplirle a su mamá y le respondió.

Tú lo que tienes es hambre, pobrecito, y yo, mucha prisa. Así que estrecha la mano de Colón -Caperucita se puso la mano en la frente como los militares y luego se la extendió al lobo- ¿amigos?

¿Colón? ¿y quien es ése? dijo el lobo.

— ¿Tú tan grande y no sabes quién es? ¡debería darte vergüenza!
No me da —dijo el lobo— ¡porque uno con hambre, no piensa!

—Pues Colón fue ese que trajo las tortas para las abuelas, para que no se aburran de vivir solas, y yo, tengo afán, así que te propongo algo: mira tú subes a aquella montañita, ¿la ves?, no, ¿dónde? dijo el lobo. Allá donde dice: Remontadora El Paisa, pero cuidado, porque allá no remontan zapatos sino herraduras de caballo y si te haces por el lado de abajo te puede caer alguna y hacerte un chichón ¿eh? Bueno, te haces allá, por el lado de arriba, hasta que yo llegue al portón del potrero donde está la casa de la abuela, y cuando veas que llego allí, sales a correr y si llegas primero te regalo la torta y le digo a mi abuela que te haga chocolate, ¿listo? ¡listo! dijo el lobo, y se fue.

Dorita también se fue y llegó donde la abuela. Pero el lobo nunca llegó, porque no le hizo caso a Dorita de no irse por el lado de *abajo de la remontadora y ese día el remontador botó un saco de herraduras inservibles. Todas le cayeron encima al pobre lobo, y todavía debe estar tratando de quitárselas de encima.*

Este cuento fue elaborado en un taller realizado con un grupo de cuentería de la Universidad Luis Amigó.

Eastman Guacamol

(Alguien ha llegado a nuestra clase)

Eastman Guacamol era un hombre que pertenecía a seres interespaciales. Cierta vez decidieron mandarlo al mundo para que se encargara de ponerle orden, pues estaba hecho un caos: lleno de guerras, odios, envidias, etc.
El viaje fue muy largo, después de recorrer muchos años, meses y días logró su fin del viaje. Y en realidad, ¡sí que había caos! ¡la muerte y la injusticia reinaban por todos lados!
Eastman, cayó en el lugar menos esperado, nada más y nada menos que en el país llamado Colombia. Luego de escuchar un totazo muy fuerte, vimos una especie de roca, pero era el pequeño y tierno Guacamol, quien se sorprendió al vernos, al igual que nosotros a él.
Al principio, sorprendido y asustado, empezó a mirarnos de pies a cabeza, aún no sabíamos si hablaba o no, pues nos hacía señales como queriéndonos decir algo, pero luego unimos nuestras mentes y empezamos a comprender su idioma.
Nos pidió algo de comer, pero jamás pensamos que lo que deseaba era cualquier clase de animal. ¿Cómo conseguiríamos lo que nos pedía en un colegio y menos en un aula de clase? ¡Aquí no había ni un mosco!

Alguien recordó que muy cerca había un circo con elefantes, monos y otros animales, y que estaba quebrado porque ya a la gente no le interesaba irse a reír, y que estaba vendiéndolo todo.

Hicimos una colecta en la clase durante el descanso y reunimos para comprar un elefante. Guacamol comió y comió hasta que con una señal nos dió a entender que no quería más. Después de ésto, nos contó por qué había venido. Nosotros decidimos ayudarlo. Esta mañana salimos muy temprano a recorrer todos los caminos; juntábamos gente a la cual Guacamol daba consejos y ejemplos buenos para que los practicaran con los demás.

Dimos vueltas y vueltas, por todo el mundo y luego regresamos a casa muy cansados, por cierto; pero muy felices.

Nuestro amigo dijo: mi misión ha terminado y debo regresar a mi mundo, pues mi gente me espera y no me queda más que hacer aquí. Si el mundo vuelve a desviarse, volveré, pero esta vez, con mano dura.

Nosotros nos despedimos con tristeza, pero confiados en que el mensaje de paz y amor que habíamos dado permaneciera por siempre.

Historia recopilada y re-escrita por Jhon Jairo Pardo. Sexto grado.

Deseos en sueño

(El personaje de goma)

Poco a poco la noche iba cayendo y misteriosamente mi imaginación se transportó a un lugar vacío donde el aire se llenó de un no se qué, sentí en medio de esta soledad un cuerpo suave y delicado, lleno de pasión que no pude controlar, lo deseé, porque supe al tocarlo que era una mujer. Aquella que tal vez estuve esperando por mucho tiempo, iba sintiendo que mi sueño se hacía realidad y me sentía dichoso de pensar que ahora sería más fácil de encontrarlo. Este sueño no duró, pero el deseo que en mí se formó fué muy hermoso y lo quise volver a repetir.

Te deseé, y aún te deseo y espero con ansiedad la noche en que nuestros cuerpos desnudos se encuentren, sin importarnos cómo pueda volver a suceder.

Relato hecho por un alumno de décimo grado. Instituto Cerros del Sur. Ciudad Bolívar.

Receta para soñar

Ingredientes

3 cajas de imaginación, 2 cajas de inteligencia, 6 gramos de fantasía, 2 cucharadas de razón, 1 libra de felicidad, 4 onzas de juventud, 5 libras de madurez.

Preparación

En una olla bastante grande, colocar las tres cajas de imaginación, poco a poco agregue la inteligencia, cuidando de rebullir constantemente. Agregue la fantasía y la felicidad, sin dejar de revolver. Si lo quiere espeso, déjelo reposar, pero si quiere que de verdad funcione debe agregar las tres cucharadas de razón, picar en trocitos y agregar muy despacio las cinco libras de madurez y una vez reposado espolvorear las cuatro onzas de juventud hasta que cubra toda la mezcla. Así obtendrá una mente espontánea.

Diana P. Pulido. Séptimo grado. Colegio Distrital Tomás Carrrasquilla.

Receta infalible para malgeniados

Ingredientes

1 Taza de sonrisa, 1 taza de humor, 10 cucharadas de amor, 1 pizca de picardía, 1 libra de cosquillas, 5 gramos de comprensión, 1 taza de buen humor, 2 cucharadas de fe, risa y buena salud al gusto.

Preparación

Tómese una persona cualquiera, adóbese con una taza de humor con mucho tiempo de anticipación.

Luego agréguense los 5 gramos de comprensión, la taza de sonrisa, la pizca de picardía. Revuélvase todo muy bien y suavícese acariciando lentamente.

Si persisten los síntomas de malestar, agréguense las dos cucharadas de fe y las 10 de amor y rocíese al gusto con risas y buena salud. Finalmente agregue la libra de cosquillas poco a poco y así obtendrá la sonrisa más linda del mundo.

Gloria Rodríguez. Séptimo grado.

Un extraño en mi jardín

(Mascota: mi perrito Pillín. Mi flor: la rosa)

Ayer ocurrió algo fantástico en mi casa, mi perrito Pillín se nos perdió, todos lloramos y empezamos a buscarlo, primero por la cuadra y luego por todo el barrio, pero fue inútil, no lo encontramos.

Donde oíamos un ladrido, allí estábamos, pero nada. De pronto mi amigo Alejandro, que también se había unido a la búsqueda, oyó unos ladridos en el jardín y corrió a ver, luego, oímos un grito de terror. Todos acudimos al lugar. Alejandro estaba pálido y señalaba con su dedo una esquina del jardín donde yo había sembrado mi rosal. Ahora no era un solo ladrido sino muchos, como ecos del primero. Cada rosa se había convertido en unas feroces y amenazantes fauces y el tronco tenía la sedosidad y el color del pelo de mi amada mascota.

Nadie se pudo explicar lo ocurrido, pero mi tristeza se alivió, Pillín era ahora un hermoso ser. Al acariciarlo dejó su actitud amenazante y los pétalos se convirtieron en muchas lenguas que lamían mis manos. Ahora la pregunta era: ¿cómo lo voy a alimentar? muy sencillo, dijo mi hermano menor, pues derrites la comida en agua y con eso rocías la mata. Sí, así lo haré, respondí yo entusiasmada.

Francy Saavedra. Séptimo grado.

Minicuentos

(Frases locas)

* ## Niño y hoja

Un día, un niño compró un cuaderno, pero no para escribir sino para armar figuras. Empezó por un ringlete y terminó con un lindo fuelle y en la clase lo eligieron el rey del origami.

Juan Pablo Espinosa. Séptimo grado.

* ## Casa y vaso

Había una vez una casa dentro de un vaso. La gente vivía muy contenta porque no se mojaban, ni les caía polvo, ni tenían peligro de ladrones. Los niños para poder salir tenían que escalarlo. El único problema era el calor, pero para eso inventaron una grúa que levantaba el vaso cada 36 horas.

Juan David Gómez. Sexto grado.

Mundo mágico. (Absurdo 3)

Había una vez un conejo que tenía una toalla mágica, la cual encontró en una roca verde detrás del bosque. Él quería saber cómo funcionaba, pero no sabía qué hacer: la soplaba, la frotaba, pero nada pasaba. Al día siguiente la lavó y apareció un dios.

—Tú debes ser el conejo que me despertó, dijo el dios, ¿qué necesitas?

—Necesito hartos dulces para esta noche, dijo el conejo.

—¿Cuántos?

—1 millón

—Está bien, pero si no te los comes antes de las diez de la noche se te pondrán agrios y empezarás a caminar en las manos. ¿Qué dices, aceptas o no?

—Por qué no le colocas la luz del sol a la luna y así no se pondrán agrios ni caminaré en las manos, agregó el conejo.

—Está bien, vete.

El conejo llegó a casa y encontró los dulces, y aunque invitó a todos sus amiguitos, cuando llegaron las diez de la noche aún no había terminado con los dulces. Afortunadamente el dios convirtió la luna en sol, pero el hechizo no duró sino hasta las cuatro de la mañana. A esa hora todavía le quedaban al conejito 120 dulces.

—¿Qué hago? ya sé, voy a llevarlos a las montañas, allí se congelarán y nadie los comerá, ya que están agrios.

El conejo fue a las frías montañas y colocó los dulces, pero como éstos eran tan ácidos, el hielo de las montañas empezó a derretirse y empezó a bajar mucha agua ácida. Las plantas se morían y los hombres ya no encontraban donde refugiarse.

El conejo pensó en invocar de nuevo al dios, mojó la toalla y éste apareció.

—¿Qué necesitas?

Me estoy ahogando, ayúdame.

—Debes traerme antes, siete monedas y un diamante.

—¿Para qué?

—Los pondré en la montaña y pasará el hechizo.

—El conejito corrió hasta lo alto de la montaña negra donde sabía que su amigo oso vivía. Pidió prestadas las monedas a cambio de trabajo por cinco años. El oso se las dió y él las llevó al dios. El dios las colocó sobre la cima de las montañas y el agua se recogió y congeló de nuevo.

El conejo dió las gracias al dios y se despidieron y como todo era normal el conejito tiró la toalla y se puso a dormir.

Juan Gabriel Guzmán. Sexto grado.

Bibliografía

GUERA Espejo-Saavedra Isabel. *Curso de creatividad y lenguaje*. Narcea S.A. Ediciones. Madrid 1990.

AVERCHENCO Arkady. *Discusión en la escuela y otros cuentos*. Biblioteca colombiana de cultura 1972.

BETTELHEIM B. *Psicoanálisis de los cuentos de hadas*. Editorial Grijaldo. Barcelona 1978.

DE ZUBIRÍA Miguel, De ZUBIRÍA Julian. *Biografía del pensamiento*. Cooperativa Editorial Magisterio 1992.

FAURE Gérard, LASCAR Serge. *El juego dramático en la escuela*. Cincel-Kapeluz 1984.

HOLT John. *El fracaso de la escuela*. Alianza Editorial. Madrid 1987.

J.P. GUILFORD y otros. *Creatividad y educación*. Barcelona. Ed. Paidós.

NIÑO Hugo. *Sobre los talleres literarios.* Ponencia presentada en el segundo congreso de profesores de español. Bucaramanga. 1982.

NOVOSELOVA Svetlana L. *El desarrollo del pensamiento en la edad temprana.* Editorial pueblo y educación. Cuba 1981.

NUNES DE ALMEIDA Paulo. *Educación Lúdica. Técnicas y juegos pedagógicos.* Talleres de san Pablo. Bogotá 1991.

OSPINA Luis Fernando. *El colibrí y las mariposas amarillas.* Ponencia presentada en el primer congreso internacional de creatividad. Bogotá 1991.

RODARI Gianni. *Gramática de la fantasía.* Editorial Imprimeix 1982.

TORRES P. Miriam, CABALLERO H. José Luis. *Conocer para transformar. Superación de las dificultades en el proceso de lectoescritura a través del desarrollo de la creatividad en el aula.* Investigado y recopilado por Roberto RODRÍGUEZ (grupo de trabajo DIE-CEP 1990).

El aprendizaje de la disciplina en la escuela disciplinada Jaume Trilla Cuadernos pedagógicos.

MAGISTERIO

www.ingramcontent.com/pod-product-compliance
Lightning Source LLC
Chambersburg PA
CBHW080740120726
48001CB00009B/2639